250 Keywords Preis- und Produktpolitik

Springer Fachmedien Wiesbaden (Hrsg.)

250 Keywords Preis- und Produktpolitik

Grundwissen für Manager

2. Auflage

Hrsg.
Springer Fachmedien Wiesbaden
Wiesbaden, Deutschland

ISBN 978-3-658-27905-9   ISBN 978-3-658-27906-6   (eBook)
https://doi.org/10.1007/978-3-658-27906-6

Die Deutsche Nationalbibliothek verzeichnet diese Publikation in der Deutschen Nationalbibliografie; detaillierte bibliografische Daten sind im Internet über http://dnb.d-nb.de abrufbar.

Springer Gabler
Springer Gabler ist ein Imprint der eingetragenen Gesellschaft Springer Fachmedien Wiesbaden GmbH und ist ein Teil von Springer Nature.
Die Anschrift der Gesellschaft ist: Abraham-Lincoln-Str. 46, 65189 Wiesbaden, Germany

Autorenverzeichnis

Dr. Gunnar Clausen
Simon-Kucher & Partners
Strategy& Marketing Consultants GmbH, Köln
Themengebiet: Preispolitik

Professor Dr. Daniel Markgraf
AKAD Hochschule, Stuttgart
Themengebiet: Produktpolitik

Professor Dr. Hermann Simon
Simon-Kucher & Partners
Strategy& Marketing Consultants GmbH, Bonn
Themengebiet: Preispolitik

Dr. Georg Tacke
Simon-Kucher & Partners
Strategy & Marketing Consultants GmbH, Bonn
Themengebiet: Preispolitik

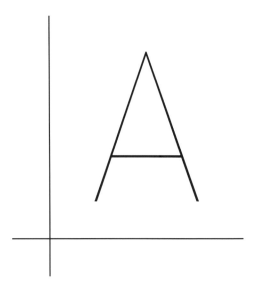

© Springer Fachmedien Wiesbaden GmbH, ein Teil von Springer Nature 2019
Springer Fachmedien Wiesbaden, *250 Keywords Preis- und
Produktpolitik*, https://doi.org/10.1007/978-3-658-27906-6_1

Absatzprogramm

1. *Begriff:* Summe der Güter und Dienstleistungen, die ein Unternehmen am Markt anbietet; im Handel wird von Sortiment gesprochen.

2. *Merkmale:* Herstellende Unternehmen können neben eigenen auch fremde Produkte (Handelsprodukte) anbieten. Damit wird die Breite des Verkaufsprogramms (Programmbreite) erweitert. Die Programmtiefe ist durch die Anzahl der Alternativen gekennzeichnet. Die Höhe des Programmniveaus wird durch das Leistungs- und Preisniveau im Verhältnis zu Konkurrenzprodukten bestimmt.

Absatzwirtschaftliche Nebenleistungen

In Form von Pre-Sales-Service, episodenbegleitende Dienstleistungen oder After-Sales-Service eingesetzte Leistungen zur Verbesserung des akquisitorischen Potenzials; sie werden ergänzend zu den Hauptleistungen (Verkaufsprogramm) angeboten.

Abschöpfungspreispolitik

Marktabschöpfungspolitik, Skimming Pricing; Preisdifferenzierung bei Einführung eines neuen Produktes mit anfänglich hohen und später sukzessiv verringerten Preisen. Der *Gegensatz* ist das Penetrationspricing.

Adoptionsprozess

1. *Begriff:* Geistiger Vorgang, den der Verbraucher in mehreren Phasen bis zur Übernahme einer Innovation durchläuft.

2. *Phasen:* Allgemein läuft der Vorgang in fünf Phasen ab:

a. Wahrnehmung, d.h. der Verbraucher nimmt eine Innovation zwar wahr, verfügt allerdings noch nicht über nähere Informationen.

b. Interesse, d.h. der Verbraucher ist dazu angeregt, weitere Informationen zu einer Innovation einzuholen.

c. Bewertung, d.h. der Verbraucher erwägt (auch anhand von Alternativen), ob es sich für ihn lohnt, die Innovation zu übernehmen.

d. Probieren, d.h. der Verbraucher probiert die Innovation in kleinen Mengen oder für eine kurze Zeit aus, um besser beurteilen zu können, ob das Angebot ihm einen höheren Nutzen stiftet als eine Alternative.

e. Adoption, d.h. der Verbraucher übernimmt die Innovation vollständig und nutzt sie regelmäßig.

After-Sales-Service

1. *Begriff:* Technische und kaufmännische Dienstleistungen nach dem Kauf (Kundendienst), z.B. Schulung des Bedienungspersonals, Wartungs- und Reparaturdienste, Managementleistungen.

2. *Zweck:* Von großer Bedeutung für die Angebotsdifferenzierung (Qualitätswettbewerb. und Schaffung eines akquisitorischen Potenzials bei komplexen und erklärungsbedürftigen Produkten und Produktverbunden. Von besonderer Bedeutung im Investitionsgüterbereich. Im Endkundengeschäft darüber hinaus Basis für das Ersatzteilgeschäft und nachfolgende Services zur Einkommensgenerierung und Kundenbindung.

Die Kundenloyalität und Dauer des Kundenlebenszyklus sollen erhöht werden, die Wechselwilligkeit des Kunden hingegen gesenkt werden.

Der Gegensatz ist der *Pre-Sales-Service*.

Akzeptanz

1. *Begriff:* Bereitschaft, einen Sachverhalt billigend hinzunehmen. Akzeptanz gegenüber einem Gegenstand wird als Teilaspekt der Konformität im Spektrum zwischen Gehorsam, Anpassung und Verinnerlichung gesehen. Neben der zeitpunktbezogenen Akzeptanz interessiert die Veränderung im Zeitablauf durch Lernen.

2. *Grundlagen:* Anhaltspunkte für die Erklärung von Akzeptanz gibt die Diffusionstheorie, die sich der Akzeptanz von Innovationen widmet. Die Diffusionstheorie unterscheidet Neuerer, frühe Annehmer, frühe Mehrheit, späte Mehrheit und Nachzügler. Das Akzeptanzverhalten wird durch Verhaltensmerkmale (z.B. Risikobereitschaft, Neugierde) geprägt.

3. *Merkmale:* Hohe Nützlichkeit, hohe Übereinstimmung mit bestehenden Strukturen und Wertvorstellungen (Kompatibilität), die Möglichkeit, das

Neue sukzessiv einzuführen (Teilbarkeit), gute Durchschaubarkeit der Innovation sowie einfache Mitteilbarkeit fördern die Akzeptanz. Starke Brüche mit bisher Gewohntem erschweren die Akzeptanz. Die Bruchstärke kann sich in der Intensität des Andersartigen und der Menge des Neuen ausdrücken. Eine große Bruchstärke erhöht den Lernaufwand, sie bewirkt Marktwiderstand. Bei gegebenem Beeinflussungsaufwand (z. B. durch Werbung) erhöht die Bruchstärke die Akzeptanzzeit. Eine Verkürzung ist durch eine Steigerung des Marketingaufwandes möglich.

Akzeptanztheorie

1. *Begriff:* Ansätze zur Erklärung der Nutzung und Durchsetzung von Innovationen in Organisationen. Unter Akzeptanz versteht man dabei entweder eine positive Einstellung zur Innovation, eine Verhaltensabsicht (Intention), die Innovation zu nutzen, oder die tatsächliche Nutzung der Innovation.

2. *Merkmale:* Die Akzeptanz ist abhängig von den Eigenschaften der Innovation, ihrem potenziellen Nutzen und der Art des Einführungsprozesses: Je größer die Vorteile der Innovation für den Nutzer, desto höher seine Akzeptanz; je aufgeschlossener und gebildeter das Individuum, desto größer ist die Wahrscheinlichkeit der Akzeptanz; je frühzeitiger und offener informiert wird und je mehr Mitbestimmungsmöglichkeiten bei der Auswahl der Innovation angeboten wird, desto höher ist die Wahrscheinlichkeit einer Akzeptanz.

Amoroso-Robinson-Relation

Gleichgewichtsbeziehung zwischen Preis, Preiselastizität und Grenzkosten (bezogen auf die Menge), die ausschließlich im Preisoptimum gilt. Die Beziehung lautet:

$$p^* = \varepsilon / (1+\varepsilon)\, C'$$

mit
$p^* =$ optimaler Preis,
$\varepsilon = \partial q / \partial p \cdot p^* / q =$ Preiselastizität,
$C' = \partial q / \partial p$ Grenzkosten bezüglich der Menge.

Es handelt sich hierbei um eine Fixpunktgleichung, da sowohl die Preiselastizität als auch die Grenzkosten vom optimalen Preis abhängen können.

Anlagengeschäft

Investitionsgütermarketing für komplexe Anlagen, die durch Verkettung einzelner Maschinen oder Aggregate zu einer integrierten Gesamtanlage entstehen (z. B. komplette Fertigungsstraßen). Im Business-to-Business-Geschäft werden kundenindividuelle Leistungen ausgetauscht. Wegen langfristiger Nutzung spielt der Wiederholungskauf eine geringere Rolle als im Konsumgütergeschäft. Für begrenzte Zeiträume sind spezifische Serviceverträge möglich. Die kundenindividuelle Leistung kann zur Einmalfertigung und zur Nutzung von Baukastensystemen führen. Gesamtanlagen können von einem einzelnen Unternehmen oder in Kooperationen angeboten werden. Local-Content-Vorschriften in den jeweiligen Importländern können Qualitäts-, Kosten- und Zeitrisiken erhöhen. Im Anlagengeschäft kann das primäre Produktgeschäft hinter das Servicegeschäft (z. B. Feasibility-Studien, Finanzierung, Beratung/Schulung, Wartung, Ersatzteilvorsorge) zurücktreten.

Anspruch

Ansprüche bilden die Grundlage für kundenorientiertes Marketing. Ansprüche können umschrieben werden als nahe an der Verhaltensoberfläche liegende gegenstandsgerichtete Wünsche von Stakeholdern (Anspruchsgruppen). Sie resultieren aus verhaltensprägenden Faktoren. Im Mittelpunkt stehen die Verwenderansprüche (private/gewerbliche/gesellschaftliche Verwender). Bei der Konzeption neuer Angebote müssen auch die unterschiedlichen Anspruchsgruppen berücksichtigt werden.

Artikel

Ganz bestimmte Ausführung eines Produkttyps (zum Beispiel Apfelsaft der Marke XY im 0,75-l-Tetrapack). Artikel einer Artikelgruppe unterscheiden sich hinsichtlich einiger Merkmale, wie z. B. Preis, Größe oder Materialien voneinander. Im Handel ist ein Artikel gemäß der Sortimentspyramide ein Teilelement einer bestimmten Warenart.

Attribute Listing

1. *Begriff:* Analytisch-systematische Kreativitätstechnik, die eine große Ähnlichkeit mit dem morphologischen Kasten aufweist.

2. *Ablauf:* Die Methode geht von einem bereits bestehenden Angebot (Produkt, Dienstleistung etc.) aus. Ziel ist die Verbesserung und Weiterentwicklung eines bestehenden Angebotes. Die Methode läuft in vier Schritten ab:

a. Zerlegung des Angebotes in seine Merkmale/Eigenschaften.

b. Beschreibung des derzeitigen Ist-Zustandes der Merkmalsausprägungen.

c. systematische Suche und Listung nach alternativen Varianten der Merkmalsausprägungen.

d. Auswahl und Umsetzung der interessanten Variantenkombinationen.

Ausstrahlungseffekte

1. *Begriff:* Beeinflussung der Reaktion auf eine absatzpolitische Maßnahme durch Wirkungen anderer marketingpolitischer Instrumente auf das zu untersuchende Objekt.

2. *Arten:*

a. *Zeitliche Ausstrahlungseffekte (Carryover-Effekt):* Zeitlich vorgelagerte Maßnahmen und Ereignisse können in der Untersuchungsperiode nachwirken, z. B. wirkt Werbung häufig auch noch, nachdem sie nicht mehr geschaltet wird.

b. *Sachliche Ausstrahlungseffekte (Spillover-Effekt,* Inferenzprozesse*):* Simultane Maßnahmen und Ereignisse außerhalb einer experimentellen Anordnung können das Untersuchungsergebnis beeinflussen.

Beispiel Produktpolitik: Schluss von einem Merkmal eines Produktes auf ein anderes Merkmal.

– *Irradiation* (von einer Teilleistung wird auf einen Teil der Produktqualität geschlossen, z. B. Schaumbildung eines Spülmittels = Reinigungskraft);
– *Detaildominanz* (von einem Merkmal wird auf Gesamtleistung geschlossen, z. B. Preis = Qualität);

- *Halo-Effekt* (Schluss vom Gesamtmerkmal auf Detailmerkmal, z. B. Sportwagen = hoher Benzinverbrauch);
- *Kontext-Effekt* (Schluss vom Umfeldeindruck auf das Produkt).

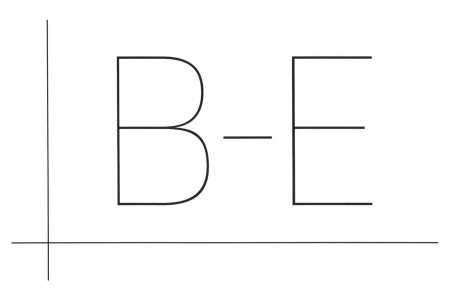

Springer Fachmedien Wiesbaden, *250 Keywords Preis- und Produktpolitik*, https://doi.org/10.1007/978-3-658-27906-6_2

B2B / B2C Pricing

Preissetzung für Geschäftskunden (Business-to-Business) bzw. Privatkunden (Business-to-Consumer). Wichtige Unterschiede: das Nachfrageverhalten (Kundenanzahl, Nachfragemenge, Kaufhäufigkeit), Entscheidungsverhalten (Buying Center bei Geschäftskunden) und kundenindividuelle Preisanpassungen (z. B. Verhandlungen, Rabatte etc.).

Banded Pack

1. *Begriff:* Maßnahme der Verkaufsförderung. Zwei komplementäre Produkte werden in einer Verpackung angeboten, wie z. B. Hemd mit Krawatte, Schal oder Pullover; Zahnpasta mit Zahnbürste oder/und Mundwasser etc.

2. *Zweck:* Verfolgte Ziele können sein:

a. stärkere Nutzung durch Zielkunden, die die Produkte bereits kaufen,

b. Gewinnung neuer Kunden, die eines der beiden Produkte bisher nicht kaufen,

c. Erhöhung der Kauf- und Zahlungsbereitschaft durch die Produktkombination,

d. Aufforderung an den Handel, das neue Produkt ebenfalls aufzunehmen.

Behavioral Pricing

Verhaltenswissenschaftlicher Ansatz zur Erklärung beobachtbarer, (scheinbar) irrationaler preisbezogener Entscheidungen. Steht im Kontrast zum Konzept des Homo Oeconomicus, das auf rein rationalen Verhaltensannahmen basiert.

Blisterpackung

1. *Begriff:* Verpackung aus einer festen und ebenen Pappunterlage und einem die Ware umhüllenden transparenten und flexiblen Kunststoff, die Raum sparend an Lochwänden in der Verkaufsstelle des Einzelhandels befestigt werden kann.

2. *Zweck:* Blisterpackungen sind vor allem für die Selbstbedienung von Kleinteilen geeignet und sind u. a. wegen ihrer Größe ein Mittel zur Diebstahlminderung. Überdies wird durch die Verwendung von Blisterpackungen als Mehrstückpackungen die Nachfragemenge erhöht (z. B. Nägel, Schrauben etc.).

3. *Arten:* Zu unterscheiden sind drei Arten der Blisterpackung:

a. Schweißverpackung: Sowohl Vorder- als auch Rückseite bestehen aus Kunststoff und diese werden miteinander verschweißt.

b. Klemmverpackungen: Vorderseite besteht aus Kunststoff und Rückseite aus Pappe, die Folie wird an den Kanten thermisch um die Pappe herumgebogen.

c. Heftverpackung: Kunststoffvorderseite und Papprückwand werden mittels Heftklammer miteinander verbunden.

Bonus

Vergütungen, die den Abnehmern als Treueprämie nachträglich (z. B. halbjährlich oder am Jahresende) vom Lieferanten gewährt werden. Die Boni können als (1. Gutschrift, (2. Auszahlung oder (3. zusätzliche Warenlieferung gegeben werden. Höhe der handels- und branchenüblichen oder vertraglich vereinbarten Boni meist prozentual gestaffelt nach dem mit der Lieferunternehmung erreichten Umsatz (daher auch *Umsatzbonus, Mengen-* oder *Treuerabatt* genannt).

Empfangene Boni werden als Einkaufspreisminderungen, gewährte Boni als Erlösungsschmälerungen gebucht.

Brainstorming

1. *Begriff:* Kreativitätstechnik, bei der mehrere Personen nach bestimmten Regeln in einer Gruppe Lösungsalternativen sammeln.

2. *Ablauf:*

a. Dem Brainstorming wird eine Problemanalyse vorangestellt, aus der eine Fragestellung entwickelt wird.

b. Der Moderator stellt die Fragestellung vor und gibt die Regeln bekannt.

c. Während der Sitzung motiviert der Moderator die Teilnehmer zur Abgabe von Ideen, achtet auf die Einhaltung der Regeln und protokolliert die Ideen und Diskussionen.

d. Nach der Sitzung werden die gesammelten Ideen geordnet und protokolliert. Diese werden anschließend an die Gruppe oder Experten zur weiteren Entwicklung und Ausarbeitung versandt.

3. *Regeln*:

a. Freies Spiel der Gedanken ist erwünscht, jede Idee ist willkommen.

b. Die Quantität und nicht die Qualität oder Realisierbarkeit der Vorschläge ist das entscheidende Kriterium.

c. Ideen der Anderen sollen aufgenommen und weiterentwickelt werden, es gibt kein Urheberrecht auf Ideen.

d. Killerphrasen, Kritik und Selbstkritik an den genannten Ideen sind streng verboten.

4. *Kritik*: Obwohl diese Methode vielfach eingesetzt wird, scheint sie doch hinsichtlich Anzahl und Qualität der gesammelten Ideen schlechter zu sein als Methoden, bei denen zunächst in Einzelarbeit Ideen gesammelt werden, mit denen dann in der Gruppe weitergearbeitet wird. Beim Brainstorming wird gesprochen, beim Brainwriting werden schriftliche Impulse weiterentwickelt.

Bruttoeinkaufspreis

Der vom Lieferanten dem Händler in Rechnung gestellte Produktpreis.

Bruttopreisliste

Liste mit empfohlenen Richtpreisen (Preisempfehlung), die für die Händler eine Kalkulationshilfe darstellt und gegebenenfalls durch eine betriebsindividuelle Kalkulation (nach unten) korrigiert wird.

Bruttoverkaufspreis

Begriff im Handel für den dem Abnehmer in Rechnung gestellten Produktpreis: Der Bruttoverkaufspreis gemindert um Umsatzsteuer, Boni, Rabatte, Skonti und sonstige Abschläge (z. B. wegen Minderung) heißt im Handel *Nettoverkaufspreis*.

Bundling

1. *Begriff:* Bündelung von Leistungsangeboten zu Paketen, die zu einem Gesamtpreis angeboten werden. Neben dem Bundling können die Leistungen auch weiterhin noch einzeln angeboten werden.

2. *Zweck:* Dadurch sollen verschiedene Zielgruppen (Marktsegmentierung) mit differenzierten Bedürfnissen angesprochen werden. Überdies ist dadurch auch eine Preisdifferenzierung möglich, die das Preisimage der Einzelleistungen nicht berührt.

Co-Creation

Einbeziehung des Kunden in die Produktgestaltung bzw. -erstellung. Die Co-Creation kann dabei von der Integration von Kundenideen in den Produktentstehungsprozess über die Ideenauswahl durch Kunden bis hin zur kundenindividuellen Gestaltung gehen.

Beispiel: Lego Ideas.

Conjoint-Analyse

Multivariate Analysemethode zur Bestimmung des Einflusses einzelner Merkmale eines Gutes auf den Gesamtnutzen des Gutes. Aufgrund der indirekten Art der Befragung (Conjoint Measurement) gilt die Methode als sehr zuverlässig. Die Befragten geben – ähnlich wie in der realen Kaufentscheidung – ihre Präferenz für ganzheitliche Produktalternativen an. In der Analyse wird dann die Bedeutung einzelner Merkmale und Merkmalsausprägungen auf die Kaufentscheidung ermittelt. Die wichtigsten Einsatzgebiete der Conjoint-Analyse sind die Preispolitik, Produktentwicklung und Marktsegmentierung. Im Rahmen der Preispolitik ermöglicht die Conjoint-Analyse, den Einfluss des Preises auf die Kaufentscheidung zu quantifizieren und Preisabsatzfunktionen zu schätzen.

Mittlerweile existieren zahlreiche Varianten der Conjoint-Analyse. Am bekanntesten sind die adaptive Conjoint-Analyse (ACA) und die Choice Based Conjoint Analyse (CBC).

Cost-Plus Pricing

Kostengetriebener Ansatz zur Festsetzung eines Preises. Dabei addiert man auf die Kosten eines Gutes den zu erzielenden Gewinn als Aufschlag und erhält so den Verkaufspreis.

Crowdsourcing

1. *Begriff:* Interaktive Form der Wertschöpfung unter Nutzung moderner IuK-Techniken (Web 2.0). Zusammengesetzt aus den Begriffen Crowd und Outsourcing. Einzelne Aufgaben, die bisher intern bearbeitet wurden, werden an eine Vielzahl von Nutzern oder Interessenten ausgelagert und häufig in Form eines Wettbewerbes ausgeführt. Die Aufgabe kann sich dabei sowohl auf eine Innovation beziehen oder aber auch bereits bestehende operative Aktivitäten oder Produkte. Bekanntester Vertreter für die Anwendung des Crowdsourcing dürfte das Online-Lexikon Wikipedia sein.

2. *Anforderungen:* Grundlegende Anforderungen sollten erfüllt sein um Crowdsourcing erfolgreich einzusetzen:

a. Klare Aufgaben- und Zieldefinition,

b. Auswahl der richtigen Crowd (Zielgruppe/Community) für die Bearbeitung der Aufgabe,

c. Respekt vor den Bearbeitern und ihren Ergebnissen,

d. Klärung der Rechtslage.

Customized Marketing

1. *Begriff:* Individualisierung von Massenprodukten, Services oder Kommunikationsaktivitäten.

2. *Merkmale:* Die Standardausprägung eines Angebotes oder einer Kommunikation wird den individuellen Kundenwünschen angepasst. Beim Customized Marketing wird dem Kunden die Möglichkeit geboten, über einen direkten Kontakt mit dem Anbieter bzw. über interaktive Medien einen Prozess in Gang zu setzen, der eine seinen individuellen Kundenwünschen entsprechende Leistung hervorbringt. Dadurch sind sowohl im

strategischen als auch im operativen Marketing Adaptionen notwendig und möglich (z. B. die Festlegung der Interaktivität bei der Geschäftsfeldwahl, die Einbeziehung interaktiver Medien im Kommunikationsprozess, die veränderte Rolle des Handels, eine variantenorientierte Preispolitik etc.).

Dachmarke

Im Gegensatz zur Einzelmarke (Produkt bzw. Produkt-Linien, z. B. Golf) werden unter einer Dachmarke (Company Brand, z. B. VW) alle Produkte eines Unternehmens geführt. In einem Konzern sind mehrere Dachmarken nebeneinander möglich (z. B. VW-Konzern: VW, Audi, Skoda, Seat etc.).

Degenerationsphase

Niedergangsphase.

1. *Begriff:* Letzte Phase des Lebenszyklus eines Produkts, in der die Absatzmenge zunehmend abnimmt.

2. *Auslösende Faktoren:* Technischer Fortschritt mit der Folge der Veralterung des Produkts, stark auftretende Substitutionsgüter mit besserer Bedürfnisbefriedigung der Käufer, Bedürfniswandel etc.

Design

1. *Begriff:* Gestaltung, früher: Formgebung, Formgestaltung. Im Rahmen emotionaler Kundenbindung spielt Design inzwischen eine große Rolle. Neben der gebrauchstechnischen muss die ästhetische Funktion beim Design beachtet werden. Hinzu tritt in jüngerer Zeit die semantische Funktion, der Besitzer möchte sich in seiner Welt durch Produkte ausdrücken. Neben dem Produktdesign (Sonderfälle: Mode- und Schmuckdesign) haben das Grafik- oder Kommunikationsdesign (z. B. werbliche Gestaltung, Gestaltung von Verpackungsoberflächen) und das Corporate Design (der ästhetische Auftritt von Unternehmen) an Bedeutung gewonnen. Vielfältige unterschiedliche Designstile (-prägnanzen) werden angeboten; neben Unternehmen, die sich auf einen Designstil konzentriert haben, gibt es auch solche, die mehrere gleichzeitig anbieten.

2. *Rechtsschutz:* Durch Hinterlegung als Geschmacksmuster, im Fall einer eigenpersönlichen schöpferischen Leistung durch das Urheberrecht als Werk der angewandten Kunst. Liegen die Voraussetzungen für derartigen Sonderrechtsschutz nicht vor, genießt Design von wettbewerblicher Eigenart ergänzenden Leistungsschutz gegen unlautere Nachahmung (Ausbeutung).

Differenzierung

1. *Begriff:* Wachstumsstrategie, bei der ein erfolgreiches Angebot (Produkt, Dienstleistung) genauer an die Wünsche der verschiedenen Zielgruppen angepasst wird.

2. *Vorgehensweise:* Die Kunden werden entsprechend ihren unterschiedlichen Anspruchsschwerpunkten segmentiert. Für diese Segmente werden angepasste Produkte entwickelt, die sich in Details unterscheiden. Aus einem Einzelprodukt entsteht eine Produktlinie. Die Differenzierung kann zur Stärkung des Marktauftritts beitragen.

Diffusionsprozess

1. *Begriff:* Ausbreitung einer Innovation von ihrer Entdeckung oder Kreation bis hin zu ihrer vollständigen Adoption durch den Markt. Die einzelnen Individuen unterscheiden sich dabei erheblich in ihrer Bereitschaft neue Produkte auszuprobieren. Es lässt sich daher eine Innovations-Diffusionskurve erstellen, die der Gaußschen Normalverteilung (Glockenkurve) folgt. Innerhalb der Diffusionskurve lassen sich verschiedene Arten von Adoptern klassifizieren.

2. *Arten von Adoptern:*

a. Innovatoren, sind offen für neues, experimentieren gern und gehen Risiken ein. Sie nutzen gern Alpha- oder Betaversionen eines Produktes um Verbesserungen einzubringen und das Produkt bereits vor der Markteinführung zu nutzen.

b. Frühadopter, sind geringfügig risikoaverser als die Innovatoren und übernehmen die Produkte sobald sie am Markt verfügbar sind. Es handelt sich vielfach um Meinungsführer, die aktiv auf der Suche nach neuen Angeboten sind.

c. Frühe Mehrheit, übernimmt Produkte, wenn Sie bereits eine Weile am Markt eingeführt sind und die Vorteile des Angebotes erwiesen sind.

d. Späte Mehrheit, steht Neuheiten eher zurückhaltend gegenüber, handelt risikoavers und übernimmt Neuheiten häufig erst, nachdem sie nicht nur am Markt etabliert sind, sondern auch über preisliche Anreize verbreitet werden.

e. Nachzügler, übernehmen Neuerungen erst wenn es sich nicht mehr vermeiden lässt.

Diversifikation

1. *Begriff:* Ausweitung des Leistungsprogramms auf neue Produkte und neue Märkte. Diversifikation ist Mittel der Wachstums- und Risikopolitik der Unternehmung (Wachstumsstrategie). Weil man weder die Kunden kennt, noch über Erfahrungen mit den Produkten verfügt, gilt diese Strategie als riskant. Die Diversifikation kann entweder intern oder extern erfolgen. Interne Eintrittstrategien sind die interne Diversifikation, die Eigenentwicklung, die Lizenznahme und der Zukauf von Handelsware. Externe Eintrittsstrategien sind die Akquisition und die Kooperation (Joint Venture, Allianzen und Ähnliches).

2. *Richtungen:*

a. *Horizontale Diversifikation:* Ausweitung des Produktprogramms um solche Leistungen, die mit den bisherigen Produkt-Markt- Kombinationen in einem sachlichen Zusammenhang stehen.

b. *Vertikale Diversifikation:* Aufnahme von Produkten, die zu einer vor- oder nachgelagerten Produktionsstufe gehören.

c. *Laterale Diversifikation:* Zwischen den alten und den neuen Produkt-Markt-Kombinationen besteht kein sachlicher Zusammenhang mehr.

3. *Instrument zur Strategieauswahl:* Produkt/Markt-Matrix.

Dumpingpreis

Preis eines Gutes, der unterhalb der Herstellkosten bzw. des Einkaufspreises liegt. Im internationalen Kontext handelt es sich um Dumping, wenn ein Gut mit geringerem Preis im Ausland als im Inland oder mit einem ausländischen Preis unterhalb der Herstellkosten verkauft wird. Geahndet wird Dumping aber lediglich dann, wenn der Wirtschaft im Zielland dadurch nachweisbar ein Schaden entsteht oder droht. In diesem Fall können Anti-Dumping-Zölle erhoben werden.

Durchschnittskostendeckung

Grundsatz der langfristigen Preispolitik, wonach die Preise stets so zu stellen sind, dass sie die zugehörigen Durchschnittskosten je Einheit decken.

Wegen der in solchen Vollkosten enthaltenen, mit abnehmender Beschäftigung ansteigenden Anteile an fixen Kosten führt die Zielsetzung der Durchschnittskostendeckung häufig zu höheren Preisen und verstärkt damit eine ohnehin vorhandene Unterbeschäftigung. Kurzfristig ist Durchschnittskostendeckung als Preispolitik vielfach durch andere preispolitische Ziele zu ersetzen.

Dynamisches Pricing

Preisstrategie, bei der Unternehmen die Preise für Produkte oder Dienstleistungen permanent der aktuellen Marktsituation anpassen. Diese Preisanpassung erfolgt oft maschinell anhand definierter Algorithmen. Dabei werden Faktoren wie Wettbewerbspreise, Angebot und Nachfrage und andere externe Faktoren (z. B. Wetter) mit einbezogen. Eine besondere Form des dynamischen Pricings ist das Revenue Management.

Einführungsphase

Erste Phase im Lebenszyklus eines Produkts, die auf die Angebotsentwicklung folgt. Der Absatz wächst langsam, da das Angebot eventuell noch unbekannt ist und neu am Markt eingeführt wird. Gewinne können noch nicht realisiert werden, da die Ausgaben für die Markteinführung noch über den Einnahmen aus dem Angebotsverkauf liegen.

In dieser Phase entscheidet sich, ob sich das Produkt bzw. Angebot erfolgreich am Markt etablieren kann.

Einheitspreis

Verkauf eines Gutes an alle Kunden über alle Absatzkanäle zum gleichen Preis, Gegenteil der Preisdifferenzierung.

Emotionale Produktdifferenzierung

Erweiterung des Absatzprogramms um Produkte, die sich weniger über funktional-sachliche Unterschiede vom eigenen und vom Konkurrenzangebot unterscheiden, als vielmehr durch eine emotional-psychologische Ansprache des Käufers. Dies entspricht einer Marktsegmentierung nach Erlebniswelten und erweitert die Möglichkeiten zur gezielten Markterschließung. Die Werbung muss dabei den emotionalen Mehrwert des Produktes überzeugend kommunizieren. Mit dieser Differenzierung kann eine hohe Bindungswirkung erzielt werden.

Endverbraucherpreis

Preis eines Gutes, den der Konsument bezahlt. Dieser entspricht dem Einzelhandelspreis inklusive Mehrwertsteuer.

Entgeltpolitik

Wesentlicher Teil der Kontrahierungspolitik. Entgeltpolitik umfasst die Preispolitik und die Gestaltung der preisrelevanten Konditionen (Rabatte, Boni, Skonti).

Erlösfunktion

Umsatzfunktion; mathematische Darstellung der Abhängigkeiten zwischen Absatzmenge und Umsatz. Bei gleichbleibenden Produktpreisen steigt der Erlös mit der Zunahme der abgesetzten Produkteinheiten linear an. Hängt der Preis eines Produktes in der Weise vom Absatz ab, dass bei hohem Preis wenig und bei niedrigem Preis mehr Einheiten verkauft werden, so wird der Erlös bei zunehmender Absatzmenge und sinkenden Preisen so lange steigen, wie die Absatzzunahme wertmäßig die Preissenkung kompensiert. Bei weiterer Absatzsteigerung wird der Gesamterlös sinken.

Erlösmaximierung

Zielsetzung betrieblicher Preispolitik, nach der die Preise für die erzeugten Produkte so zu setzen sind, dass der Gesamterlös so groß wie möglich wird. Erlösmaximierung deckt sich in der Regel nicht mit Gewinnmaximierung; die Zielsetzung der Erlösmaximierung kann somit gegen das erwerbswirtschaftliche Prinzip verstoßen.

Ersatzteilgeschäft

Im Sachgütergeschäft mit langlebigen Gebrauchsgütern kann es sowohl im Industriegüter- als auch Konsumgütergeschäft während des Gebrauchs zu Funktionsausfällen durch Abnutzung kommen. Von den Reparaturkosten und dem Neuproduktpreis hängt es ab, ob Ersatzteile und Wartungs- bzw. Reparaturservice auch langfristig angeboten werden. In einigen Branchen ist das Ersatzteilgeschäft lukrativer als das Erstausrüstungsgeschäft (z. B. bei LKWs). Zum Ersatzteilgeschäft gehört auch die Nachkaufgarantie, mit der Konsumgüter- (z. B. Porzellan- oder Küchenhersteller) und Industriegüterhersteller für einen festgelegten Zeitraum (z. B. zehn Jahre ab Kaufdatum) die Weiterbelieferung zusichern.

Erstausrüster

Anbieter eines Produktes (z. B. Reifenhersteller), der seine Produkte an einen Montagebetrieb (z. B. PKW-Hersteller) liefert. Im Ersatzteilgeschäft können als Wettbewerb weitere Anbieter hinzutreten. Weil das Ersatzteilgeschäft häufig lukrativ ist, ist der Erstausrüster gegenüber dem Montagebetrieb zu Preiszugeständnissen bereit. Dem liegt die Erwartung zugrunde, dass der Kunde beim Ersatzteilverkauf ein markentreues Verhalten zeigt und der Anbieter dadurch höhere Preise erzielen kann.

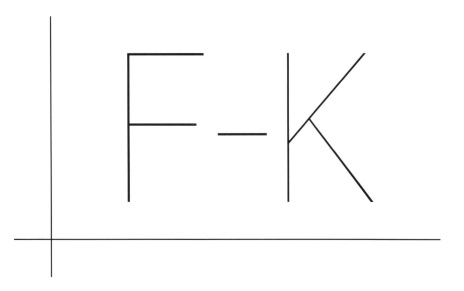

© Springer Fachmedien Wiesbaden GmbH, ein Teil von Springer Nature 2019
Springer Fachmedien Wiesbaden, *250 Keywords Preis- und
Produktpolitik*, https://doi.org/10.1007/978-3-658-27906-6_3

Facelifting

Form der Produktmodifikation, die dazu dient, die Wachstumsphase oder auch die Reifephase im (Produkt-)Lebenszyklus eines Leistungsangebots zu verlängern. Im Vergleich zum Relaunch beschränkt sich das Facelifting in der Regel auf geringfügige optische, haptische und/oder inhaltliche Modifikationen, die auch werblich aufgenommen werden können. Bei wiederholtem Facelifting entsteht das Risiko, dass die Wahrnehmung des Produkts nicht mehr eindeutig ist, die vorherigen Versionen schneller veralten und die Zielgruppen nicht mehr erreicht werden bzw. verloren gehen.

Fencing

Maßnahmen zur Abgrenzung von Marktsegmenten im Rahmen einer Preisdifferenzierungsstrategie (Preisdifferenzierung). Dadurch soll vermieden werden, dass Kunden aus einem Segment ein Gut zu einem (niedrigeren) Preis kaufen, der eigentlich für ein anderes Segment gedacht ist. Ein Beispiel ist die Vergabe vergünstigter Eintrittskarten an Schüler und Studenten nur gegen Vorlage eines Ausweises. Dadurch wird sichergestellt, dass andere den regulären Preis bezahlen.

Flatrate

Festpreis, der die unbegrenzte Nutzung eines Gutes gewährt. Flatrates werden zum Beispiel in der Telekommunikation angeboten, wo beispielsweise Mobilfunkkunden bei Bezahlung einer festen monatlichen Flatrate unbegrenzt telefonieren können.

Framing

1. *Begriff*: Veränderung der Darstellung eines Entscheidungsproblems, ohne dessen Inhalt zu verändern. D.h., dass Alternativen, Ergebnisse oder Umweltzustände in veränderter Weise dargestellt werden, de facto aber gar nicht verändert werden. Eine bestimmte Form der Darstellung eines Entscheidungsproblems heißt Frame. Beispielsweise können die Ergebnisse einer Entscheidung absolut oder als Veränderung gegenüber einem

Referenzwert dargestellt werden. Im letzteren Falle werden die Ergebnisse zu Gewinnen oder Verlusten (gegenüber dem Referenzwert).

2. *Bedeutung*: Bei unterstelltem Rationalverhalten hat Framing keinen Einfluss auf die Entscheidung (Invarianzaxiom), reale Entscheider lassen sich jedoch beeinflussen. Das klassische Beispiel für solche Einflüsse ist das sogenannte Asian Desease Problem.

3. *Anwendungen*: Wichtiger Aspekt im Behavioral Pricing, da z.B. durch Ausgestaltung von Promotions-/Verkaufsförderungsmaßnahmen (Bündelangebote: Kauf 3, zahl 2 vs. bei Kauf von 3 Rabatt von 33%) das Kaufverhalten beeinflusst wird.

Frühadopter

1. *Begriff:* Gruppe von Adoptern, die ähnliche Eigenschaften aufweist wie die Gruppe der Innovatoren.

2. *Merkmale:* Der Unterschied besteht in ihrer geringeren Risikobereitschaft und einem geringerem Neuheiteninteresse. Dennoch haben Sie immer noch ein hohes Interesse an Neuheiten und übernehmen Ideen frühzeitig. Sie haben in ihrer sozialen Umgebung die Rolle eines Meinungsführers und suchen aktiv nach neuen Angeboten. Sie reagieren wenig preiselastisch.

Frühe Mehrheit

1. *Begriff:* Phase im Diffusionsprozess, in der eine Innovation am Markt den Mainstream erreicht; das Angebot hat sich etabliert.

2. *Merkmale:* Vertreter der frühen Mehrheit handeln wohlüberlegt und übernehmen neue Angebote erst wahr, wenn deren Vorteile nachgewiesen sind. Zu diesem Zeitpunkt ist der Diffusionsprozess einer Innovation bereits weit fortgeschritten.

Fungibilität

1. *Begriff:* Bezeichnet die Eigenschaft von Gütern, Devisen und Wertpapieren, beispielsweise nach Maß, Zahl oder Gewicht bestimmbar und ohne Weiteres auswechselbar oder austauschbar zu sein.

2. *Merkmale:* Fungibilität liegt vor, wenn die Sachen oder Rechte durch gleich bleibende Beschaffenheit (z. B. nach Zahl, Maß oder Gewicht) im Handelsverkehr bestimmt werden und durch jede andere Sache bzw. jedes andere Recht der gleichen Gattung und Menge ersetzt werden können. Die Fungibilität einer Ware ist Voraussetzung für ihren börsenmäßigen Handel. Fungible Rechte, die Ansprüche aus verbrieften Kapitalformen verkörpern, heißen Effekten.

Funktionale Qualität

Gesamtheit aller Eigenschaften eines Angebotes, welche die Eignung des Produktes oder der Dienstleistung zur Erfüllung der vom Abnehmer gestellten Aufgaben bestimmen. Im Rahmen von Dienstleistungen wird darunter auch jene Qualitätsdimension verstanden, die sich auf die Art und Weise der Dienstleistungserstellung bezieht. Hierunter werden unter anderem auch die fachliche Kompetenz und Höflichkeit des Personals subsummiert.

Funktionsrabatt

Rabatt oder Preisnachlass, der Händlern bzw. Großhändlern für die Erfüllung ihrer Distributionsfunktionen gewährt wird. Oft ist die Höhe des Funktionsrabattes strittig, wenn sich die übernommenen Distributionsfunktionen nicht quantitativ messen und in beiderseitigem Einvernehmen bewerten lassen.

Beispiel: Funktionsrabatt an Großhändler für die Lagerhaltung in bestimmtem Umfang.

Gabor-Granger-Methode

Methode der direkten Preisbefragung zur Bestimmung der Preisabsatzfunktion für ein bestimmtes Gut, die auf André Gabor und Clive Granger (1964) zurückgeht. Dabei werden Kunden verschiedene Preise vorgestellt, und sie werden danach gefragt, wie wahrscheinlich es ist, dass sie das Gut zu diesem Preis kaufen würden. Dadurch kann ihre Preissensibilität gemessen und die Nachfrage abgeschätzt werden. Die Gabor-Granger-Methode ist einfach und mit verhältnismäßig geringem Aufwand durchzuführen.

Nachteile: Aufgrund der direkten Befragung vom Befragten leicht zu durchschauen und keine explizite Berücksichtigung des Wettbewerbs.

Gattungsmarke

1. *Begriff:* Bezeichnung für Produktmarken, die ohne besonders differenzierenden Markennamen auskommen und sich vorwiegend auf die Benennung der Warengattung konzentrieren.

2. *Merkmale:* Gattungsmarken sind eher im Niedrigpreissegment angesiedelt und werden dem entsprechend im Rahmen einer Niedrigpreisstategie oder bei Handelsmarken eingesetzt. Als Beispiele können TIP bei Real oder JA von Rewe genannt werden. Vielfach werden Gattungsprodukte auch als No Names oder im pharmazeutischen Bereich Generika (Generics) bezeichnet.

Alternativ können unter diesem Begriff auch Marken verstanden werden, die für eine bestimmte Produktgattung von so hoher Bedeutung sind, dass Sie für diese synonym stehen. *Beispiel*: Tempo für Papiertaschentücher.

Generics

1. *Begriff:* Vor allem im pharmazeutischen Bereich verwendeter Begriff zur Bezeichnung von Produkten, die vergleichbare Inhaltsstoffe enthalten wie Produkte, die bereits unter einem Markennamen auf dem Markt sind.

2. *Merkmale:*

a. Generics entsprechen in ihrer therapeutischen Wirkung und Sicherheit dem Orginalpräparat,

b. werden im Normalfall zu einem wesentlich niedrigeren Preis angeboten als vergleichbare Markenprodukte, da keine oder wesentlich geringere Forschungskosten anfallen,

c. können meist erst nach Ablauf des Patentschutzes für das Orginalpräparat angeboten werden.

3. *Arten:*

a. Produkte, die unter Nutzung des generischen Namens in Kombination mit dem Firmennamen angeboten werden,

b. Markengenerika, die Produkte mit patentfreien Wirkstoffen unter einem eigenen Markennamen anbieten (z. B. Hexal, ratiopharm).

Gesamtqualität

Die Gesamtqualität eines Investitionsgutes wird in Abhängigkeit von dem Grad der gesamten Aufgabenerfüllung beurteilt; sie ergibt sich aus der funktionalen Qualität, der Integralqualität und der Dauerqualität.

Gesteuerter Preis

Der durch Preiskartelle, sonstige Kartellabreden oder durch den Staat regulierte Preis. Der *Gegensatz* ist der Marktpreis.

Giffengut

Absolut inferiores Gut mit positiver Preiselastizität. Giffengüter werden nach einer Preiserhöhung stärker nachgefragt. Dieser Effekt, auch Giffenparadoxon genannt, wurde im 19. Jahrhundert erstmals von Robert Giffen beschrieben. Er tritt z. B. bei Haushalten auf, die von einem begrenzten Budget Nahrungsmittel verschiedener Preisklassen kaufen. Kommt es zu einer Preissteigerung der günstigen Nahrungsmittel, reduziert sich die Kaufkraft des Haushalts. Unter Umständen werden dann die teureren Lebensmittel durch die günstigeren (trotz deren Preisanstieg) substituiert.

Gleitpreisklausel

Klausel in Kaufverträgen, mit der die Preisfestsetzung entweder auf einen späteren Zeitpunkt verschoben oder spätere Abänderung des vereinbarten Preises vorbehalten wird. Gleitpreisklausel wird angewandt vor allem bei größeren Objekten mit längeren Lieferfristen, um die Preisstellung gegebenenfalls der im Lieferzeitpunkt veränderten Marktlage (veränderten Lohn- und Rohstoffpreisen) anzupassen.

Grenzpreis

Preis für die nächste zu erwerbende Einheit eines Produktes.

Größenstaffel

Staffelpreise für Waren gleicher Zweckbestimmung, aber unterschiedlicher Größe.

Grundnutzen

Grundlegende Konzeptionsebene eines Produktes oder Angebotes. Umfasst den Teil des Nutzens, der die fundamentale Leistung des Angebotes für den Kunden darstellt. Er besteht in der wirtschaftlich-technischen, sachlich-stofflichen oder funktionalen Eignung eines Gutes für seinen Verwender und sollte mindestens durch ein Basisprodukt abgedeckt werden. Der Grundnutzen wird auf verschiedenen Ebenen durch Zusatznutzen ergänzt.

Gütezeichen

Grafische oder schriftliche Kennzeichnung von Angeboten, die dem Verbraucher eine bestimmt Güte und Qualität signalisieren. Gütezeichen werden von anerkannten Institutionen an Hersteller und Dienstleister vergeben, die die jeweiligen Güte- und Prüfbestimmungen erfüllen. Die Einhaltung der besonderen Güte der Produkte und Dienstleistungen mit Gütezeichen wird durch eine Erstprüfung festgestellt sowie danach durch stetige Eigen- und Fremdüberwachung gewährleistet.

Handelsaufschlag

Bruttoaufschlag, Bruttoverdienstspanne; Form der Prozentspanne: prozentuales Verhältnis von absoluter Handelsspanne (Betragsspanne) zum Wareneinstandspreis, und damit also der Prozentsatz, der auf den Wareneinstandspreis aufgeschlagen wird, um zum Bruttoverkaufspreis zu gelangen (Berechnung ohne Mehrwertsteuer).

Hardware

Sachleistungskomponente im Angebot eines Herstellers. Sie wird ergänzt durch Software-Leistungen, die Dienstleistungen (Pre-Sales-Services, episodenbegleitende Dienstleistungen, After-Sales-Services) des Herstellers.

Harvesting-Strategie

Preisstrategie, bei der auch in schwierigen Phasen, z. B. in der Degenerationsphase des Produktlebenszyklus oder in Abschwungphasen, der Preis eines Produkts bewusst hoch gehalten wird. In der Degenerationsphase wird dabei versucht die Investitionen möglichst zu reduzieren, um einen höheren Gewinn „abzuernten".

Herstellermarke

Marke, deren Markierung vom Hersteller vorgenommen wird. Die Herstellermarke ist klar von den häufig konkurrierenden Handelsmarken abzugrenzen. Der Fokus von Herstellermarken liegt auf der Spezialisierung in einem bestimmten Warenbereich. Herstellermarken besetzen damit ein sehr enges Produktportfolio und können dadurch ein sehr klares Markenimage aufbauen. Charakteristisch für Herstellermarken sind beispielsweise die Innovationskompetenz, der Aufbau einer direkten Beziehung zum Konsumenten und der Aufbau eines Online- bzw. Direktvertriebs.

Hochpreisstrategie

Preisstrategie, bei der Güter dauerhaft zu hohen Preisen angeboten werden. Es werden dabei Kunden mit geringer Preissensitivität angesprochen.

Anstelle des Preises werden Qualität und Image zur Differenzierung vom Wettbewerb in den Vordergrund der Kommunikation gestellt. Der Preis kann dabei auch oberhalb des gewinnoptimalen Preises liegen. Solche Strategien sind insbesondere im Luxusgüterbereich vorzufinden.

Imagetransfer

Nutzung eines bereits bestehenden positiven Image (z. B. eines Produkts, einer Marke, eines Unternehmens, eines Ereignisses), um es auf ein anderes Produkt oder Angebot zu übertragen. Verbreitet ist der Markenimagetransfer (z. B. von BOSS-Bekleidung auf Accessoires oder Düfte).

Industrielle Formgebung

Industriedesign. Zusammenfassung aller Bemühungen, die darauf gerichtet sind, industrielle Erzeugnisse nicht nur technisch zweckmäßig, sondern auch ästhetisch zu gestalten.

Ingredient Branding

1. *Begriff:* Markenpolitik für eine Komponente eines Endprodukts, die einerseits wesentlicher Bestandteil des Endproduktes ist, andererseits aber in das Produkt eingeht und damit nicht mehr offen erkennbar ist (z. B. Mikroprozessoren in PCs, Verpackungen für Nahrungsmittel etc.).

2. *Ziel:* Für den Käufer relevante und wahrnehmbare Eigenschaften wie beispielsweise die Qualität oder Leistungsfähigkeit, die er mit einzelnen Bestandteilen des Gesamtproduktes verbindet, auf das gesamte Produkt auszuweiten.

Beispiel: Intel inside für Computer mit Intel-Prozessor.

Integralqualität

Jene Aspekte der Qualität eines Investitionsgutes, die als technische Eigenschaften die Eignung des Gutes bezüglich seiner Integrierbarkeit bzw. Kompatibilität mit anderen Maschinen/Anlagen des Kunden bestimmen. Je niedriger die Integralqualität, desto größer die Kaufwiderstände bei den Kunden.

Interaktive Preisfindung

Preisfindung durch Einbindung des Kunden, z. B. im Rahmen von Auktionen oder Preisverhandlungen.

Isogewinnlinie

1. *Begriff aus der Produktionstheorie*: Lage aller Mengenkombinationen von Inputfaktoren und einem Outputgut, die dem Unternehmen denselben Gewinn bringen.

2. *In der Preispolitik*: Lage derjenigen Preiskombinationen zweier Produkte, die zum selben Gewinn für das Unternehmen bzw. für beide Produkte zusammen führen.

Kannibalisierung

Absatzsteigerung eines Produktes auf Kosten eines (höherpreisigen) Produktes des gleichen Anbieters, herbeigeführt durch konkurrierende Vermarktung der beiden Produkte.

Käufermarkt

Marktsituation sinkender Preise. Ursache eines Käufermarkts ist ein Angebotsüberschuss, der sich bei steigendem Angebot und konstanter Nachfrage ergibt, bzw. ein Nachfragedefizit, das sich bei sinkender Nachfrage und konstantem Angebot ergibt.

Kaufnachlass

Buying Allowance; Maßnahme der Verkaufsförderung. Der Kaufnachlass wird in der Regel nach Abnahme einer bestimmten Einkaufseinheit gewährt und hat nur für einen begrenzten Zeitraum Gültigkeit. Er wird entweder auf der Rechnung ausgewiesen oder in Form eines Schecks zugestellt und soll den Wiederverkäufer dazu anregen, ein Produkt in sein Sortiment aufzunehmen, das er sonst unter Umständen nicht gekauft hätte. Üblich sind Kaufnachlässe bei der Einführung eines neuen Produktes.

Kollektive Preispolitik

Bewusst oder unbewusst gleiches Verhalten einer Gruppe von Anbietern oder Nachfragern in ihren preispolitischen Maßnahmen auf einem gemeinsamen Markt. Eine Unternehmung treibt bewusst kollektive Preispolitik, wenn sie ihre Preise abhängig von anderen Unternehmen macht, d.h. sich der Preisführerschaft eines stärkeren Unternehmens unterwirft.

Schärfste Form der kollektiven Preispolitik ist der Zusammenschluss zu einem Kartell.

Kollektivmarke

1. *Begriff:* Unter einer Kollektivmarke ist ein Fachverbandszeichen zu verstehen, das durch einen Verband für gleiche Waren oder Dienstleistungen seiner Mitglieder erlangt werden kann. Rechtsfähige Verbände (auch Dachverbände, Spitzenverbände und juristische Personen des öffentlichen Rechts) können Inhaber von Kollektivmarken sein, die dazu dienen, Waren oder Dienstleistungen der Verbandsmitglieder von denjenigen anderer Unternehmen nach ihrer betrieblichen oder geografischen Herkunft, ihrer Art, Qualität oder sonstigen Eigenschaften zu unterscheiden (§§ 97 ff. MarkenG). Sie weisen die Besonderheit auf, dass die Benutzung durch einen dazu Befugten (oder auch nur durch den Verband selbst) zur rechtserhaltenden Benutzung genügt (§ 100 II MarkenG, Benutzungszwang) und zur Rechtsverfolgung im Verletzungsfall die Zustimmung des Inhabers der Kollektivmarke erforderlich ist, wenn die Markensatzung (§ 102 MarkenG) nichts anderes bestimmt (§ 101 MarkenG). Kollektivmarken sind wie andere Marken auch nur dann eintragungsfähig, wenn sie Unterscheidungskraft besitzen, wobei die Besonderheit gilt, dass Kollektivmarken abweichend von § 8 II Nr. 2 MarkenG auch ausschließlich aus Zeichen oder Angaben bestehen können, die im Verkehr zur Bezeichnung der geografischen Herkunft der Waren oder Dienstleistungen dienen, wenn sich mit der Angabe für den Verkehr bestimmte Vorstellungen von Herkunft, Art oder Qualität der Ware oder Dienstleistung verbinden.

2. *Beispiele:* Thüringer Rostbratwurst, Dresdner Christstollen oder Aachener Printen.

Kombinationszeichen

Marke, die aus unterschiedlichen Elementen zusammengesetzt ist und ihre Unterscheidungskraft aus der Kombination ihrer Elemente bezieht.

Neben Bild- und Wortbestandteilen können weitere optische und akustische, aber auch haptische, olfaktorische und geschmackliche Elemente Bestandteil des Kombinationszeichens sein.

Komplementärgut

1. *Begriff:* Gut, dessen Verwendung zwangsläufig oder gewöhnlich die Verwendung eines anderen Gutes bedingt.

2. *Merkmale:* Die Güter sind so miteinander verbunden, dass sich beide im Absatz ergänzen und gegenseitig fördern. Steigt der Preis des für den Ge- oder Verbrauch „primären" Gutes, so nimmt unter Umständen nicht nur die Nachfrage nach diesem Gut, sondern – in gleichem Maße – die Nachfrage nach allen Komplementärgütern ab (negative Kreuzpreiselastizität).

3. *Beispiele:* Briefpapier und Briefumschläge; Kugelschreiber und Kugelschreiberminen.

Konditionenpolitik

Teilbereich der Kontrahierungspolitik. Konditionenpolitik umfasst vertragliche Regelungen über Rabatte, Lieferbedingungen und Zahlungsbedingungen sowie Garantieverpflichtungen.

Konditionensystem

Gesamtheit aller Konditionen (z. B. Boni, Rabatte, Skonti), die vom Unternehmen gewährt werden. Das Konditionensystem soll die Absatzziele optimal fördern und eine sich ergänzende Wirkung aller Konditionen sicherstellen.

Kontrahierungspolitik

Wichtiges marketingpolitisches Instrument, Ziel- und Maßnahmenentscheidungen zur vertraglichen Absicherung der Transaktionsbedingungen bei einem Verkauf. Kontrahierungspolitik ist ausgerichtet auf die Gestaltung des *Kontrahierungsmix* mit den Entscheidungsbereichen Preispolitik, Absatzfinanzierungspolitik und Konditionenpolitik.

Kopplungsverkäufe

Sonderform des Bundling, auch „tie-in sales" genannt. An den Kauf eines Hauptproduktes sind weitere Käufe von Nebenprodukten gekoppelt, z. B. müssen bei Nassrasierern die Klingen separat gekauft werden oder bei Druckern die Druckerpatronen.

Kreativitätstechniken

1. *Charakterisierung:* Suchregeln oder Heuristiken, die individuelle Gedankengänge oder gruppenorientierte Suchprozesse stimulieren (Stimulation eines kreativen Prozesses). Eine Anwendung bietet sich vor allem bei Problemstellungen an, die kreative Lösungen erfordern (z. B. bei der Suche nach Innovationen). Durch den Einsatz von Kreativitätstechniken wird die Menge (sowohl in Tiefe als auch Breite) an Ideen, und damit die Wahrscheinlichkeit eine Lösung bei innovativen Problemstellungen zu finden, erhöht. Die qualitativ richtige Lösung zu finden ist jedoch nicht garantiert.

2. *Kategorien:*

a. *Systematisch-analytische Kreativitätstechniken:* unter anderem morphologischer Kasten, sequenzielle Morphologie, modifizierte Morphologie (Attribute Listing), progressive Abstraktion, morphologische Matrix (Cross-Impact-Analyse), TILMAG etc.;

b. *kreativ-intuitive Kreativitätstechniken (Kreativitätstechniken im engeren Sinne):* unter anderem Brainstorming-Methoden (klassisches Brainstorming, Schwachstellen- Brainstorming), Brainwriting-Methoden (Methode 635, Kartenumlauftechnik, Galerie-Methode, Delphi-Technik, Ideen-Notizbuch-Austausch) und Methoden der intuitiven Konfrontation (Reizwortanalyse, Exkursionssynektik, Synektik, visuelle Konfrontation in der Gruppe, semantische Intuition, Bildmappen-Brainwriting).

3. *Aspekte/Probleme:*

a. *Ansatzpunkte,* um kreatives Verhalten bei Personen und Gruppen zu stimulieren: Je nach kreativitätstheoretischem Ansatz wird die Problemvorgabe (die kreative Prozesse beim Individuum oder der Gruppe herausfordern soll), die kreative Persönlichkeit, der kreative Prozess, das kreative Produkt und die kreative Umwelt favorisiert.

b. *Beschreibung des kreativen Prozesses als solchem:* Der prozessorientierten Perspektive zufolge liegt das entscheidende Kriterium im psychologischen Bezugsrahmen des Denkens, innerhalb dessen der individuelle Schöpfungsprozess möglichst effektiv verläuft, d.h. die kreative Problemlösung bzw. das kreative Produkt wird nicht als plötzlich auftretendes Ereignis betrachtet, sondern als ein Vorgang, der längere Zeit dauert. Es sind Merkmale zu finden, die allen kreativen Prozessen gemeinsam sind.

c. *Übersetzung* bzw. Übertragung des kreativen Prozesses bzw. der notwendigen Heuristiken in eine entsprechende Kreativitätstechnik, um kreatives Verhalten von Personen oder Gruppen zu forcieren, z. B. mittels der Synektik-Methode.

d. *Beschreibung des situativen Kontextes,* um Kreativitätsblockaden bei Individuen (Auffassungssperren, emotionale Sperren, intellektuelle Sperren, Ausdruckssperren, Fantasiesperren und kulturelle Sperren), Gruppen (Konformitätsdruck, Autoritätsfurcht, interpersonale Konflikte), Organisationsabläufen und -strukturen etc. (z. B. auch durch restriktive Personalpolitik oder hierarchische Organisationsstruktur) zu eruieren, um diese einzuschränken oder zu vermeiden und um den Kreativitätsprozess, sowie den effektiven Einsatz von Kreativitätstechniken nicht zu gefährden.

4. *Anwendung:*

a. Als konkrete Methoden zur *Förderung der Kreativität:* Bei unstrukturierten, komplexen bzw. innovativen Problemen werden Kreativitätstechniken eingesetzt, um durch sie Personen und/oder Gruppen zu stimulieren, d.h. den Ideenfindungsprozess bei diesen zu forcieren und eine höhere Anzahl von kreativen Ideen zu erzielen, z. B. bei der Suche nach neuen Produktideen.

b. Als konkrete Methoden zur *Erzielung qualitativer Prognosen,* z. B. bei der Voraussage des technischen Fortschritts: Einen Bezugsrahmen hierzu kann eine wissenschaftliche Theorie liefern, deren Funktion darin besteht, die Vorgänge eines bestimmten Objektbereichs (hier technische Entwicklung bzw. technischer Fortschritt) zu erklären und vorauszusagen; die Strukturierung der technologischen Voraussage kann durch bedarfs- und potenzialorientierte Voraussage erfolgen.

Kreditkauf

Kauf von Wirtschaftsgütern, bei dem die Leistung des Käufers (Bezahlung) zu einem späteren Zeitpunkt erfolgt und der Verkäufer bis zu diesem Zeitpunkt die Gegenleistung kreditiert.

1. Kreditkauf von *Kaufleuten* im Rahmen der vereinbarten Lieferungs- und Zahlungsbedingungen (Zielkauf).

2. Kreditkauf von *Konsumenten* als Teilzahlungs- bzw. Abzahlungsgeschäft (Teilzahlungskredit).

Kreuzcouponierung

Sonderform des Bundling. Dabei erhält ein Kunde beim Kauf eines Produkts einen Rabattgutschein für ein anderes Produkt, z.B. erhalten Kinobesucher häufig Gutscheine für nahegelegene Restaurants.

Kreuzgruppenelastizität

Beschreibt auf zweiseitigen Märkten in Analogie zur Kreuzpreiselastizität die prozentuale Nachfrageänderung einer Marktseite (z.B. bei Auktionsplattformen Anzahl Käufer/Kaufinteressenten) im Falle einer Nachfrageänderung auf der anderen Marktseite (z.B. bei Auktionsplattformen Anzahl Händler(-angebote)).

Kreuzmengenelastizität

Beschreibt in Analogie zur Kreuzpreiselastizität die prozentuale Nachfrageänderung im Falle der Nachfrageänderung eines anderen Gutes.

Kreuzpreiselastizität

Maß für die prozentuale Absatzänderung eines Gutes im Falle der Preisänderung eines anderen Gutes. Bei einer starken Substitutionsbeziehung zwischen zwei Produkten liegt typischerweise eine (stark) positive Kreuzpreiselastizität vor, d.h. die Preissenkung eines Produkts zieht einen Absatzrückgang eines ähnlichen Produkts nach sich. Im Falle einer komplementären Beziehung zwischen zwei Produkten ist die Kreuzpreiselastizität in der Regel negativ. In der Praxis wird der Begriff meist für Produkte innerhalb des eigenen Produktportfolios verwendet, kann aber analog auch für Wettbewerbsprodukte genutzt werden.

Kultmarke

Markenprodukt mit starkem symbolischem Zusatznutzen durch die Marke, dessen Status weniger aus physischen als aus psychischen Produkteigenschaften entsteht. Im Gegensatz zum kurzzeitigen und erlebnisorientierten Konsum kommt dem Konsum bei Kultmarken eine höhere und längerwährende Wertigkeit zu. Kultmarken bieten Orientierungs- und Identifikationsmöglichkeiten (bis hin zur Verehrung und Ikonisierung) für den Käufer aufgrund ihres Bezugs zu Lebensstilen (Lifestyle-Marketing) und/oder Werten. Der Kunde ist eher bereit, weitere Produkte derselben Marke oder Zubehör und Erweiterungen zu kaufen. MINI, Apple oder Red Bull können als Beispiele für Kultmarken genannt werden.

Kundenwertpricing

Form der Preisdifferenzierungsstrategie. Preise werden auf den Kundenwert, also den ökonomischen Wert eines Kunden für das Unternehmen, abgestimmt, um strategisch wichtige Kunden durch individuelles Pricing enger an sich zu binden. Beispiel kann ein Mobilfunk-Heavy-User sein, der wegen seines hohen Datenvolumens einen Preisnachlass oder eine kostenfreie Zusatzleistung erhält.

Springer Fachmedien Wiesbaden, *250 Keywords Preis- und Produktpolitik*, https://doi.org/10.1007/978-3-658-27906-6_4

Leasing

I. Vertragsformen

1. *Vertragsbestandteile:*

a. Grundmietzeit, in der in der Regel kein Kündigungsrecht für den Leasingnehmer zugelassen wird;

b. Vereinbarung von Verlängerungs- oder Kaufoptionen nach Ablauf der Grundmietzeit;

c. Höhe der zu entrichtenden Leasingraten;

d. Übernahme der Gefahr des zufälligen Untergangs oder der wirtschaftlichen Entwertung (Investitionsrisiko) durch Leasinggeber oder Leasingnehmer;

e. evtl. Vereinbarungen über Wartung und Pflege des Leasingobjekts.

2. *Arten der Vertragsgestaltung:*

a. *Operate-Leasingverträge:* Entsprechen Mietverträgen im Sinn des BGB. Die Kündigung des Vertrags ist in der Regel bei Einhaltung gewisser Fristen möglich. Der Leasinggeber trägt das gesamte Investitionsrisiko.

b. *Finanzierungs-Leasing-Verträge:* Eine bestimmte Grundmietzeit ist unkündbar. Nach deren Ablauf wird dem Leasingnehmer in der Regel eine Verlängerungs- oder Kaufoption eingeräumt. Das Investitionsrisiko trägt der Leasingnehmer. Bei Finanzierungs-Leasing-Verträgen mit Verbrauchern gilt § 506 II BGB.

c. *Sale-and-Lease-back-Verträge:* Das Leasingobjekt wird von der Leasinggesellschaft dem Leasingnehmer erst abgekauft und anschließend wieder vermietet bzw. verpachtet.

II. Erscheinungsformen

Für Leasingverhältnisse besteht eine Vielzahl von Vertragstypen. Diese lassen sich nach unterschiedlichen Kriterien systematisieren. Oftmals werden Leasingverträge anhand folgender Kriterien eingeteilt:

1. Art des Leasingobjekts (z. B. Auto-, Maschinen-, Computer-Leasing);

2. Mobilität des Leasingobjekts (Mobilienleasing/Immobilienleasing);

3. Art der Vertragspartner (Privat-Leasing/gewerbliches Leasing);

4. Verhältnis des Leasinggebers zum Leasingnehmer (direktes Leasing/indirektes Leasing);

5. Verhältnis des Leasinggebers zum Hersteller (Sale-and-lease-back);

6. Kalkulation der Grundmietzeit (Vollamortisationsverträge, d.h die gezahlten Leasingraten gleichen die Anschaffungs- bzw. Herstellungskosten und entstandenen Finanzierungs- und Verwaltungskosten mindestens aus/Teilamortisationsverträge, d.h. die gezahlten Leasingraten gleichen die Kosten des Leasinggebers am Ende der Grundmietzeit nicht aus und es verbleibt ein Restbetrag).

Lebenszyklus

I. Betriebswirtschaftslehre

1. *Begriff:* Konzept, das von der Annahme ausgeht, dass die zeitliche Entwicklung eines Objektindikators (z. B. Absatz eines Produktes) in charakteristische Phasen unterteilt werden kann und einem glockenförmigen Verlauf folgt, d.h. es wird von einer begrenzten Existenz des Objekts ausgegangen.

2. *Produkt-Lebenszyklus:* Es wird davon ausgegangen, dass die Nachfrage nach einem Produkt unterschiedliche Phasen durchläuft, von seiner Entstehung und Einführung des Produktes am Markt bis hin zu dem Zeitpunkt, an dem es vom Markt verschwindet. Der Verlauf entsteht durch eine Vielzahl von Einzeleffekten, wie bspw. die Anzahl der Adoptoren, der Kaufmenge pro Kauf, der Wiederkaufrate, der Kauffrequenz, dem Preisniveau oder dem Konkurrenzverhalten.

3. *Teilphasen* (vgl. Abbildung „Lebenszyklus"):

a. *Einführung:* startet mit der Markteinführung und endet, wenn der Stückgewinn des Produkts positiv wird;

b. *Wachstum:* bis zum Wendepunkt der Absatzmengenkurve, d.h., Absatzmengen steigen nicht mehr progressiv an;

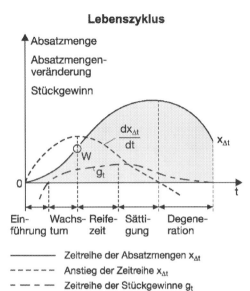

Lebenszyklus

——————— Zeitreihe der Absatzmengen $x_{\Delta t}$
– – – – – – Anstieg der Zeitreihe $x_{\Delta t}$
– — – — Zeitreihe der Stückgewinne g_t

c. *Reifezeit:* bis zum zeitlichen Maximum des Stückgewinns.

d. *Sättigung:* gekennzeichnet durch sinkende Stückgewinne, durch in der Regel sinkende Preise und steigende Werbekosten, Ende mit dem absoluten Umsatzmaximum;

e. *Degeneration:* erzielbare Absatzmenge nimmt zunehmend ab.

4. *Kritik:* Die Phasenabgrenzung ist nur aus der Rückschau und bei erfolgreich am Markt eingeführten Produkten möglich. Das Modell suggeriert einen naturgegebenen Ablauf, es lässt dynamische Entwicklungen (z.B. technischer Fortschritt, Modeströmungen, Anspruchswandel) und Handlungen, die der Reife-, Sättigungs- und Degenerationsphase entgegenwirken, außer Acht. Es handelt sich bei der Glockenkurve um eine idealtypische Darstellung, die in der Praxis häufig abweicht.

5. *Bedeutung:* Innerhalb des strategischen Managements soll der Lebenszyklus als Analyseinstrument Anwendung finden. Auf ihm aufbauend soll unter anderem die Bestimmung des Altersprofils des Produktionsprogramms möglich sein. Die Bedeutung ist aber relativ gering, da nur weni-

ge Objektentwicklungen dem idealisierten Verlauf des Lebenszyklus folgen und es äußerst schwierig ist, die Position des Objekts im Lebenszyklus zu bestimmen.

II. Wirkungsforschung

1. *Allgemein:* Das Produktlebenszykluskonzept der Wirkungsforschung betrachtet das Produktleben im Sinn einer Produktbiografie und differenziert dieses in verschiedene Phasen, wobei jedoch keine konsistente Aufteilung und Bezeichnung der einzelnen Phasen existiert. Exemplarisch sei hier das Produktlebenszykluskonzept der Technikwirkungsanalyse genannt.

2. *Phasen:*

a. Forschung (im Sinn von Wirtschafts- oder produktnaher Forschung);

b. Entwicklung und Innovation;

c. Materialwirtschaft/Produktion);

d. Absatz/Marketing;

e. Produktnutzung (bezeichnet die Verwendung, und zwar den konsum- oder verwendungsorientierten Gebrauch oder Verbrauch von Produkten);

f. Phase nach der Nutzung (setzt an dem Punkt ein, an welchem ein Produkt nicht mehr entsprechend seinem ursprünglichem Verwendungszweck gebraucht wird bzw. gebraucht werden kann, und endet dort, wo das Produkt die verschiedenen Entsorgungswege der herkömmlichen Entsorgung oder die verschiedenen Arten des Recycling durchläuft).

3. *Anwendung:* Das der Wirkungsanalyse zugrunde liegende Produktlebenszyklusmodell ist als ganzheitlich zu bezeichnen; das zu untersuchende Objekt wird im zeitlichen Ablauf seines Existierens von der „Wiege bis zur Bahre" erfasst.

Line Extension

Produktlinienerweiterung;

1. *Begriff:* Ausweitung des Absatzprogramms eines Unternehmens durch Produktdifferenzierung bzw. Vertiefung des Sortiments.

2. *Merkmale:* Die zusätzlichen Angebote sind eng mit den bisherigen Angeboten verbunden, da sie eine ähnliche Funktion erfüllen, an die selbe oder angrenzende Zielgruppen verkauft werden und im Normalfall über die gleichen Distributionspunkte verkauft werden.

3. *Zweck:* Anreiz für eine Line Extension ist eine am Markt etablierte Produktlinie, deren Umfang als zu gering wahrgenommen wird oder die im Laufe der Zeit gezielt angrenzenden Zielgruppen zugänglich gemacht werden soll. Die Erweiterung der Produktlinie dient somit der Optimierung des Angebotes eines Unternehmens. Das Unternehmen kann mit der Line-Extension neue Kundengruppen ansprechen, dem Wettbewerb im aktuellen Segment ausweichen, Marktlücken schließen oder sein Qualitätsimage anpassen.

4. *Arten:* Eine Produktlinie kann in verschiedene Richtungen ausgedehnt werden:

a. *Ausweitung nach unten:* Ein Unternehmen, das am oberen Ende des Marktes agiert, kann seine Marktabdeckung durch preisgünstigere Produkte nach unten erweitern. Das günstigere Angebot muss allerdings den Erwartungen an die Marke gerecht werden und sollte möglichst wenig Kannibalisierungseffekte auslösen.

b. *Ausweitung nach oben:* Das Unternehmen erweitert seine Marktabdeckung in höherpreisige Segmente, muss die neuen Zielgruppen allerdings von der Höherwertigkeit überzeugen.

c. *Ausweitung nach unten und oben:* Kombination der beiden vorangegangenen Alternativen.

Listenpreis

Der in einer Preisliste angegebene Preis. Der Listenpreis dient als Grundlage für die Bezugspreiskalkulation. Von ihm sind 1. abzuziehen: alle Skonti, Rabatte bzw. Provisionen, die der Käufer vereinbarungsgemäß oder der Auftragsmenge entsprechend beanspruchen kann; 2. hinzuzurechnen: alle anderen Kosten (z. B. Transportkosten), sofern die Preisofferte auf Free- oder Loco-Basis beruht.

Luxusprodukt

1. *Begriff:* Höchsten Ansprüchen genügende Leistungen eines Unternehmens (z. B. edle Materialien mit intensiver vertikaler Qualitätskontrolle).

2. *Merkmale:* Kleinserien- bis Unikatfertigung herrschen vor, damit sind manufakturielle Bezüge verbunden. Neben selektivem Vertrieb spielen die örtliche und zeitliche Preiskonstanz sowie die Traditionsorientierung eine große Rolle. Motive für den Käufer, entsprechend hohe Preise zu bezahlen, liegen in der Selbstbelohnung, in der sozialen Binnendifferenzierung und in der Gewissheit, Erbstücke zu schaffen. Luxusprodukte und die darauf aufbauenden Luxusmarken sind durch Internationalität des Konsums gekennzeichnet.

Marke

1. *Begriff:* Eine Marke kann als die Summe aller Vorstellungen verstanden werden, die ein *Markenname* (*Brand Name*) oder ein *Markenzeichen* (*Brand Mark*) bei Kunden hervorruft bzw. beim Kunden hervorrufen soll, um die Waren oder Dienstleistungen eines Unternehmens von denjenigen anderer Unternehmen zu unterscheiden.

2. *Merkmale:* Die Vorstellungen werden durch Namen, Begriffe, Zeichen, Logos, Symbole oder Kombinationen dieser zur Identifikation und Orientierungshilfe bei der Auswahl von Produkten oder Dienstleistungen geschaffen. Meffert definiert die Marke als „... Nutzenbündel mit spezifischen Merkmalen, die dafür sorgen, dass sich dieses Nutzenbündel gegenüber anderen Nutzenbündeln, welche dieselben Basisbedürfnisse erfüllen, aus Sicht relevanter Zielgruppen nachhaltig differenziert." Die Definition im Markengesetz orientiert sich an den Zeichen, die ein Vorstellungsbild erzeugen: „Als Marke können alle Zeichen, insbesondere Wörter einschließlich Personennamen, Abbildungen, Buchstaben, Zahlen, Hörzeichen, dreidimensionale Gestaltungen einschließlich der Form einer Ware oder ihrer Verpackung sowie sonstige Aufmachungen einschließlich Farbe und Farbzusammenstellungen geschützt werden, die geeignet sind, Waren oder Dienstleistungen eines Unternehmens von denjenigen anderer Unternehmen zu unterscheiden" (§3 Abs. 1 Marken-

gesetz). Darüber hinaus können aber auch Beziehungen und geographische Herkunftsangaben geschützt werden (vgl. §§ 1 und 5 Markengesetz).

3. *Arten:* Bezogen auf die Markenbreite kann man die Einzelmarke (nur ein Produkt), die Familienmarke (mehrere Produkte), die Firmen- und die Dachmarke sowie die Gattungsmarke unterscheiden.

4. *Absender:* Als Markenabsender gelten der Hersteller (Produzentenmarke), der Händler (Handelsmarke, Eigenmarke, Gattungsmarke), der Dienstleister und der Handwerker.

5. *Funktionen:*

a. *Für den Konsumenten* ist eine starke Marke eine verdichtete Information (Information Chunk), die

- Zusatzinformationen (z.B. über die Qualität) liefert und damit das wahrgenommene Kaufrisiko verringert,
- Orientierungshilfe innerhalb der vielen Angebote ist,
- Vertrauen schafft,
- einen emotionalen Anker darstellt, d.h. bestimmte Gefühle und Images vermittelt und
- zur Abgrenzung und Vermittlung eigener Wertvorstellungen beiträgt.

b. *Für das Unternehmen* dient eine starke Marke

- zur Differenzierung des eigenen Angebots von der Konkurrenz,
- als Möglichkeit zur Kundenbindung
- als Plattform für neue Produkte (Markenausdehnung),
- als Basis für die Lizenzierung,
- als Schutz des eigenen Angebots vor Krisen und Einflüssen der Wettbewerber, auch vor Handelsmarken,
- zur erleichterten Akzeptanz im Handel.

6. *Bedeutung:* Markenschemata bestimmen, wie Informationen zur Marke aufgenommen, verarbeitet und gespeichert werden. Sie werden zum zentralen Einflussfaktor auf das Kaufverhalten. Außerdem hat die Marke für das Unternehmen vor allem einen hohen Wert, der sich aus den Gedächtnisstrukturen bei den Konsumenten ergibt. Durch die Bekanntheit einer

Marke, einer entsprechenden Positionierung und dem integrierten Einsatz der Marketing-Mix-Maßnahmen, können diese Gedächtnisstrukturen aufgebaut und erhalten werden.

7. *Messung:* Kann über die Messung des Markenwertes vorgenommen werden. Der Markenwert kann dabei entweder verhaltenswissenschaftlich oder finanzwissenschaftlich operationalisiert werden.

Markenartikel

1. *Begriff:* Güter, die mit einer Marke von Herstellern (Herstellermarke), Händlern (Handelsmarke) oder Dienstleistern (Dienstleistungsmarke) auf den Markt gebracht werden. Die Markierung hat Herkunfts-, Unterscheidungs-, Schutz-, Garantie- und Werbefunktion gegenüber anonymen Gütern und konkurrierenden Markenartikeln.

2. *Merkmale:* Kennzeichen sind gleichbleibende Qualität (Qualitätssicherheit), eindeutige Identifizierbarkeit, hoher Bekanntheitsgrad und umfassende Marktgeltung. Es wird versucht vor allem die letzten drei durch intensive Verbraucherwerbung zu erreichen.

Markenfamilie

1. *Begriff:* Die Führung mehrerer Angebote unter einer Marke.

2. *Vorgehensweise*: Es werden weitere Variationen einer Marke, ausgehend vom Mutterprodukt, angeboten. Die Differenzierung erfolgt durch eine Zusatzbezeichnung oder eine andere Geschmacksrichtung (z. B. Coca-Cola: Coca-Cola Light, Coca-Cola Zero).

3. *Ziele*: Die Angebote profitieren vom Goodwill einer bekannten und am Markt gut eingeführten Marke. Eine Markenfamilie bietet Effizienzvorteile, da positive Ausstrahlungseffekte der Marke für das einzelne bzw. neue Produkt genutzt werden können.

Markenidentität

1. *Begriff:* Die Markenidentität umfasst diejenigen Merkmale der Marke, die aus Sicht der internen Zielgruppen in nachhaltiger Weise den Charakter der Marke prägen.

a. *Die Markenidentität (Brand Identity) im engeren Sinne* bringt die wesensprägenden Merkmale einer Marke zum Ausdruck, für welche die Marke zunächst nach innen und später auch nach außen steht bzw. zukünftig stehen soll. Demnach handelt es sich bei der *Markenidentität* im engeren Sinne um ein Führungskonzept, welches sich jedoch erst durch die Beziehung der internen Zielgruppe untereinander sowie deren Interaktion mit den externen Zielgruppen der Marke konstituiert. Mithilfe der *Markenidentität* können demnach die Art der Beziehung der Markenmitarbeiter untereinander und deren Interaktion zu externen Markenzielgruppen erklärt werden.

b. Über die Erklärung des Mitarbeiterverhaltens kann die *Markenidentität im weiteren Sinne* auch als ein Führungsinstrument der Markenführung interpretiert werden, welches zwei Ziele verfolgt:

– Die konsistente außengerichtete Kommunikation des Markennutzenversprechens im Sinne einer Soll-Positionierung an allen Brand Touch Points (Berührungspunkte zwischen Nachfragern und Marke) und
– die innengerichtete Umsetzung und finale Einlösung dieses Versprechens durch ein adäquates Verhalten aller an der Erbringung der Markenleistung beteiligten Personen.

Markenimage

Das Markenimage ist ein in der Psyche relevanter Bezugsgruppen fest verankertes Vorstellungsbild von einem Bezugsobjekt. Die notwendige Bedingung für das Vorhandensein eines derartigen Vorstellungsbildes ist die Bekanntheit einer Marke. Es bildet den von den Kunden mit einer Marke verbundenen funktionalen und nicht-funktionalen Nutzen sowie die mit der Marke und ihren Kunden bzw. Verwendern assoziierten Eigenschaften ab. Eine starke Assoziation der relevanten Bezugsgruppe mit der Marke erzeugt unter anderem eine höhere Markenerinnerung (Brand Recall).

Dem Ist-Image kann das geplante Soll-Image gegenübergestellt werden. Das Soll-Image ist eine Zielposition, die im Verhältnis zu den Konkurrenzmarken erreicht werden soll. Sie entspricht der angestrebten Unique Selling Proposition (USP).

Markenlizenz

Art der Lizenz. Gegenstand ist das Recht zur (Mit-)Nutzung einer bestehenden Marke. Die Vergabe von Markenlizenzen kann im Zusammenhang mit einer Produktlizenz oder Produktionslizenz oder (wie vor allem bei Konsumgütern häufiger anzutreffen) an Hersteller anderer, zielgruppenverwandter Erzeugnisse erfolgen. Der Lizenzgeber kann die Markenlizenz auf vielfältige Art und Weise ausgestalten. Neben einer Ausschließlichkeit, kann der Lizenzgeber u. a. Einschränkungen hinsichtlich personeller, zeitlicher, räumlicher, sachlicher und/oder qualitativer Art treffen. [Art 30 II; MarkenG] Die Vergabe einer Markenlizenz ist von einer Auftragsproduktion für einen Hersteller unter dessen Markennamen (unmittelbar kundenorientierte Produktion) zu unterscheiden.

Markenpiraterie

Counterfeiting, Produktpiraterie.

1. *Begriff:* Markenpiraterie umfasst die detailgetreue Imitation eines Angebotes, welches unter der illegal verwendeten Marke aber erheblich billiger (und qualitativ schlechter) als das Original angeboten wird.

2. *Mermale:* Das Imitieren bezieht sich vor allem auf den Namen, bestimmte Markenzeichen oder Symbole sowie auf das Design des Produkts und der Verpackung. Technisch bestehen kaum Probleme für Fälschungen aller Art. Neben der direkten Produktnachahmung ist auch die gezielte Markenverwechslung von Bedeutung, indem dem Original zum Verwechseln ähnliche, aber nicht identische Aufmachungen hinsichtlich Markennamen, Designs oder Werbebotschaften verwendet werden.

Markenpositionierung

Markenpositionierung ist die Planung, Umsetzung, Kontrolle und Weiterentwicklung einer an den Idealvorstellungen der Nachfrager ausgerichteten, vom Wettbewerb differenzierten und von der eigenen Ressourcen- und Kompetenzausstattung darstellbaren, markenidentitätskonformen Position im Wahrnehmungsraum relevanter Zielgruppen.

Markenstrategien

1. *Begriff:* Bedingte, langfristige und globale Verhaltenspläne zur Erreichung der Markenziele.

2. *Ausgewählte Formen:*

a. *Einmarkenstrategie:* Jedes von der Unternehmung im Markt geführte Produkt erhält eine Marke. Jede Marke erhält nach einem sorgfältigen Auswahlprozess im Unternehmen besondere Aufmerksamkeit und ein entsprechendes Budget, das zur Zielerreichung notwendig erscheint.

b. *Mehrmarkenstrategien (Pilzmethode):* In einem Produktbereich werden mehrere Marken in den Markt eingeführt. Gefahr des Kannibalismus-Effekts.

– *Markenfamilienstrategie:* Innerhalb einer Unternehmung werden mehrere Familienmarken nebeneinander geführt; hierdurch kann man versuchen, Kunden mit unterschiedlichem Anspruchsniveau zu erreichen. Trotz hoher Produktstandardisierung soll durch getrennte Markenführung (z. B. getrennte Distribution) eine unterschiedliche Markenposition erreicht werden. Kannibalisierungseffekte können nicht ausgeschlossen werden.

– *Dachmarkenstrategie:* Sämtliche Produkte einer Unternehmung werden unter einer Marke zusammengefasst *(Schirmmethode).* Durch zusätzliche Produkte unter dem Dach einer Marke ist eine ständige Aktualisierung möglich. Der Käufer fühlt sich in diesen Markenfamilien gut aufgehoben, da er Angebote für seine unterschiedlichen Wünsche auf dem ihm angemessenen Niveau findet. Die Ausweitung des Produktprogramms kann zu einer Konkurrenzverdrängung am Point of Sale (Regalflächenverdrängung) führen.

– *Markentransferstrategie:* Langfristig aufgebauter Marken-Goodwill von etablierten Marken wird als Grundlage benutzt, um in neue Produktbereiche zu diversifizieren. Voraussetzung dafür ist der Aufbau spezifischer Kompetenz, die vom Kunden wieder erkannt und akzeptiert werden muss, imagemäßige Affinität zur Hauptmarke durch Übereinstimmung sachbezogener Produkteigenschaften (Denotationen) und/oder nichtsachlicher, emotionaler oder anmutungshafter Produkteigenschaften (Konnotationen).

Markenzeichen

Markenzeichen dienen der Kennzeichnung (Markierung) der Waren oder Dienstleistungen eines Unternehmens und unterscheiden diese von ähnlichen Waren oder Dienstleistungen anderer Unternehmen. Markenzeichen können aus Wörtern, Abbildungen, Zahlen, Hörzeichen, dreidimensionalen Gestaltungen (z. B. Form der Ware oder Verpackung) sowie sonstigen Aufmachungen wie eine spezielle Farbzusammenstellung bestehen.

Mass Customization

1. *Begriff:* Prinzip der kundenindividuellen Massenproduktion.

2. *Beschreibung:* Auf Grundlage eines Basisangebotes werden Sach- und Dienstleistungen in einer Vielfalt von Kombinationen angeboten, dass es theoretisch fast jedem Kunden möglich ist, ein seinen Wünschen entsprechendes individuelles Angebot zu erhalten. Der Ansatz ermöglicht eine kundenspezifische Problemlösung ohne dabei auf die Kostenvorteile einer prozessorientierten Massenfertigung zu verzichten. Mithilfe moderner Fertigungsprozesse und intensive Nutzung modernster IuK-Technologien werden die Vorteile der Massen- und Einzelfertigung vereint. Der Kunde kann sich in einer Art Baukastensystem ein individuelles Produkt zusammenstellen und ist bereit dafür einen Aufpreis zu zahlen. Der Trend zur Mass Customization zieht sich durch alle Branchen – vom Auto bis hin zum Müsli.

3. *Arten:* Es kann zwischen vier unterschiedlichen Umsetzungsmöglichkeiten unterschieden werden:

a. *Self Customization:* Die Produktindividualisierung erfolgt durch den Kunden selbst (Beispiel: Standardsoftware, die durch den Nutzer an seine Bedürfnisse angepasst wird..

b. *Point of Delivery Customization:* Individualisierung erfolgt am Verkaufsort.

c. *Modularization:* Das Angebot wird modular auf Basis eines Baukastensystems auf die individuellen Bedürfnisse des Kunden angepasst.

d. *Time based Management:* Kundenindividuelle Produktion mit massenhafter Vorfertigung unter Nutzung von Zeitvorteilen.

Me-Too-Produkt

Imitation am Markt bereits vorhandener Produkte. Durch die Einsparung von Forschungs- und Entwicklungskosten sowie Marketing- und Markterschließungskosten lassen sich Wettbewerbsvorteile über niedrigere Preise aufbauen. Man orientiert sich bei der Produktgestaltung am Pionierprodukt. Der Pionier kann Hinweise auf Messen oder bei anderen Anlässen gegeben haben, die man bereits als Anhaltspunkte für die eigene Entwicklungsarbeit benutzt, um nicht zu viel Zeit zu verlieren. Verbreitet ist auch eine stärker abwartende Haltung, bei der der Folger den Markterfolg des Pionierproduktes abwartet, bevor er in den Markt eintritt. Das Produkt ist den Kunden dann bereits bekannt und die Gefahr des Scheiterns geringer. Je umfangreicher die Schutzmaßnahmen des Pioniers (Patente etc.), ausfallen, umso geringer sind die Einsparungen bei den Entwicklungskosten. Interessanter sind dann die ersparten Markterschließungskosten. Sie werden meist mit einem deutlich niedrigeren Preis erkauft.

Megabrand

Eine überdurchschnittlich starke Marke, die weltweit über ein klares, unverwechselbares Profil verfügt (z. B. Coca Cola, McDonalds, Marlboro) und mit kulturübergreifenden Symbolen globale Präsenz aufgebaut hat. Der Markenwert ist ein essentieller Bestandteil des gesamten Unternehmenswertes.

Mehrpersonenpreisbildung

Form der Preisdifferenzierung. Es wird ein Preis für eine gesamte Gruppe verlangt, dabei sinkt das Preisniveau – also der Preis pro Person – mit zunehmender Gruppengröße. Beispielsweise bieten Schwimmbäder Familientickets zu einem Festpreis an, in dem der Eintritt für zwei Erwachsene und bis zu 6 Kinder inbegriffen ist.

Meistbegünstigungsklausel

Garantie, dass der Anbieter mit keinem anderen Kunden günstigere Vertragsbedingungen vereinbart hat.

Mengenanpassung

Form der Absatz- und Vertriebspolitik, bei der ein Anbieter sich an die von anderen verlangten Preise mit seiner Absatzmenge anpasst, weil er die Preise nicht zu beeinflussen vermag. Der *Gegensatz* ist die Mengenfixierung.

Mengenfixierung

Form der Absatz- und Vertriebspolitik, bei der ein Anbieter die von ihm angebotene Absatzmenge fixiert. Der zu dieser Absatzmenge gehörige Preis kann aus der Preisabsatzfunktion abgeleitet werden (mit größerer oder geringerer Sicherheit, je nachdem, ob es sich um monopolistische, polypolistische oder oligopolistische Mengenfixierung handelt). Der *Gegensatz* ist die Mengenanpassung.

Mindestumsatz

Mindestbetrag, den ein Kunde in einem festgelegten Zeitraum umsetzen muss. Erreicht der Kunde diesen Betrag mit seiner normalen Nachfrage nicht, zahlt er dennoch den Mindestumsatz. Mindestumsätze können z. B. in der Telekommunikation als Alternative zu einer Grundgebühr eingesetzt werden.

Mischkalkulation

Ausgleichskalkulation, Kompensationskalkulation, kalkulatorischer Ausgleich, preispolitischer Ausgleich; Kalkulationsprinzip zur flexiblen Ausnutzung aller Marktchancen bei der Preisgestaltung. Einzelne Artikel oder Warengruppen werden mit unterschiedlichen Spannen belastet: Bei den Ausgleichsnehmern werden niedrigere, bei den Ausgleichsgebern höhere Spannen (Deckungsspannen, Deckungsraten oder Gewinnzuschläge) als im Durchschnitt kalkuliert.

Morphologischer Kasten

Mit der morphologischen Analyse wird ein ganzheitlicher Ansatz zur Lösung eines gegebenen Problems verfolgt. Dabei wird ein Problem oder eine Herausforderung zunächst in seine einzelnen Merkmale zerlegt. Für diese Merkmale werden jeweils verschiedene Ausprägungen identifiziert oder generiert (beispielsweise durch Brainstorming), die anschließend wieder neu kombiniert und zusammengesetzt werden. Dabei kann sowohl nach der geeignetsten Lösung wie auch nach verschiedenen Lösungsalternativen gesucht werden.

Naturalrabatt

Art des Mengenrabatts. Bei Abnahme einer bestimmten Menge innerhalb eines vereinbarten Zeitraums erhält der Kunde zusätzliche Mengeneinheiten ohne Berechnung.

Nettopreis

Der Preis, der sich nach Abzug aller Nachlässe ergibt.

Netzwerkeffekte

Effekt, bei dem der Nutzen eines Gutes mit steigender Nutzerzahl (in der Regel) zunimmt (positive Netzwerkeffekte). Solche Effekte treten insbesondere bei Internetplattformen auf, z.B. bei Auktionshäusern oder Kontaktforen. Ein anderes Beispiel können Software-Anwendungen sein. Sinkt der Nutzen mit steigender Nutzerzahl (z.B. Überlastung von Daten-Kommunikationsnetzen oder sinkende Leserzahl mit steigendem Werbeanteil in Print- /Onlinemedien auf zweiseitigen Märkten) spricht man von negativen Netzwerkeffekten. Direkte Netzwerkeffekte bezeichnen Effekte innerhalb eines Marktes/einer Marktseite, indirekte Netzwerkeffekte bezeichnen Effekte zwischen unterschiedlichen Marktseiten.

Niedrigpreisstrategie

Preisstrategie, bei der im Gegensatz zur Hochpreisstrategie versucht wird, sich durch niedrige Preise vom Wettbewerb abzuheben. Ein Produkt wird zu einem besonders niedrigen Preis auf den Markt gebracht, um schnell hohen Absatz zu generieren und Marktanteile zu gewinnen. Der gewählte Preis liegt unter Umständen unterhalb des gewinnoptimalen Preises.

No-frills-Stategie

Engl. für *ohne Schnickschnack*; auf der Verschlankung der angebotenen Leistungen basierende Strategie. Die Leistung erfüllt dabei die Grundbedürfnisse der Kunden, beinhaltet aber keine Extras. Eine solche No-frills-Stategie wird z. B. bei Billigfluggesellschaften angewandt. Eine solche Strategie ist häufig mit einer Niedrigpreisstrategie für das gewählte Grundprodukt verbunden.

Open Innovation

Steht für die Öffnung von Innovationsprozessen für andere Stakeholder. Dies können beispielsweise Kunden, Hochschulen oder Forschungsinstitute sein. Sichtbar wird der Prozess der Open Innovation für die Allgemeinheit vor allem, wenn das Unternehmen im Rahmen eines sogenannten Crowdsourcings in der Regel über das Internet seine Kunden aufruft, Lösungsvorschläge für Problemstellungen oder Produktinnovationen zu generieren.

Open Innovation integriert allerdings nicht nur externe in die internen Innovationsprozesse, es gibt Innovationen, die nicht zum Unternehmen passen, auch nach außen – durch Spin-offs, Lizensierung oder Open Source Initiativen.

Ziel: Zielgerichtete Innovation durch die Kombination interner und externer Kompetenzen. Bei Kunden bedeutet dies beispielsweise die Verstärkung der Kundenorientierung hin zur Kundenintegration.

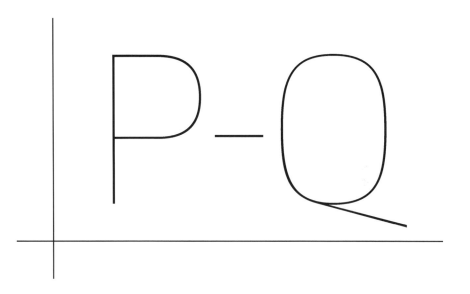

© Springer Fachmedien Wiesbaden GmbH, ein Teil von Springer Nature 2019
Springer Fachmedien Wiesbaden, *250 Keywords Preis- und Produktpolitik*, https://doi.org/10.1007/978-3-658-27906-6_5

Package Deal

Kauf bzw. Verkauf eines umfassenden Problemlösungspakets im Rahmen eines komplexen Investitionsgüter-, Anlagen- oder Systemgeschäfts.

Durch gezielte, wettbewerbswirksame, absatzwirtschaftliche Nebenleistungen kann eine langfristige Kundenbindung erreicht werden.

Parallelimporte

Vom Hersteller ungewollte Warenströme von Niedrigpreisländern in Hochpreisländer. Sie kommen dadurch zustande, dass Händler oder auch Endverbraucher Preisdifferenzen zwischen Ländern ausnutzen.

Pauschale

Gesamtvergütung anstelle von Einzelvergütungen, z. B. Pauschale für Überstunden.

Pauschalpreis

Ein ohne Rücksicht auf Einzelleistungen nach überschlägiger Schätzung vereinbarter Preis.

Penetrationspreisstrategie

Marktdurchdringungsstrategie; Preisstrategie bei der Einführung neuer Produkte; dabei wird der Preis in der ersten Phase möglichst niedrig angesetzt, um so schnell einen hohen Marktanteil zu erreichen. Später kann der Preis schrittweise erhöht werden. Besonders relevant in Märkten mit Netzwerkeffekten. Das *Gegenteil* ist die Abschöpfungsstrategie.

Pre-Sales-Service

Dienstleistungen, die dem Kunden vor dem Kauf angeboten werden, um den Verkäufer bei der Auftragsgewinnung zu unterstützen. Im Einzelhandel können dies beispielsweise kostenloses Parken oder verlängerte Öffnungszeiten sein, im Servicebereich beispielsweise telefonische oder internetbasierte Reservierungen. Probenutzung/-lieferung und technische Beratung sind bei langlebigen und hochwertigen Sach- und Industriegütern möglich.

Preis-Leistungs-Verhältnis

Subjektives Empfinden über die Angemessenheit eines Preises im Vergleich zur Qualität des Angebots.

Preisanalyse

1. *Aus Sicht eines Anbieters:* Systematische Untersuchung der Preise, ihrer Entwicklung und der preisbestimmenden Faktoren wie Kosten, Wettbewerbspreise und Kundennutzen. Quelle für die Preisanalyse können Markt- und Transaktionsdaten sein. Neben historischen Preisen können auch Ergebnisse von Preistests und Marktforschungsdaten verwendet werden. In der Praxis wird dabei häufig das Conjoint Measurement angewandt, um die Preisabsatzfunktion eines Produktes oder einer Leistung zu ermitteln.

2. *Aus Sicht eines Einkäufers:* Preisvergleich bzw. kontinuierliche Überprüfung der Preise für eingekaufte Waren und Dienstleistungen und Vergleich mit Wettbewerbspreisen. Bestandteil der Vorbereitung für Preisverhandlungen mit Lieferanten.

Preisankereffekt

Preiswahrnehmung für ein neues Gut durch Vergleich mit bekanntem Preis. Der Preisankereffekt beruht darauf, dass menschliche Urteile durch Vergleiche zustande kommen. Ein bekannter Preis wird als „Anker" benutzt, um einen anderen Preis einzustufen. Preise werden also selten absolut wahrgenommen, sondern in Relation mit bekannten Referenzpreisen.

Preisbasis

Als Preisbasis kann die messbare Bezugsgröße der Leistung für einen Preis bezeichnet werden. Mögliche Formen der Preisbasis sind z. B. Liter, Kilogramm, Kilometer, Megabyte oder Minuten.

Preisbereitschaft

Der Preis, den ein bestimmter Nachfrager für ein Angebot maximal zu zahlen bereit ist. Die Preisbereitschaft hängt im Wesentlichen vom Vergleich der Ausgabe mit dem zu erzielenden Nutzen ab.

Preisbestimmung

Preisbildung, Preissetzung; Festsetzung eines Preises für ein Produkt oder eine Leistung. Zielt darauf ab, die funktionalen Zusammenhänge zwischen Preishöhe und Absatzmenge optimal auszunutzen und somit eine Zielgröße (z. B. Umsatz, Gewinn, Marktanteil) zu maximieren. Verbreitete Methoden sind die kostenorientierte Preisbildung („Cost-plus-Pricing"), die markt- und nutzenorientierte Preisbildung sowie Mischformen.

Preisbindung

Verpflichtung, eine Ware zu einem definierten Preis zu verkaufen. Man unterscheidet zwischen gesetzlicher und vertraglicher Preisbindung. Liegt eine *gesetzliche Preisbindung* für Waren vor, so ist der Handel dazu verpflichtet, diese zu einem vorgeschriebenen Preis an die Verbraucher zu verkaufen. Ziel solcher Maßnahmen ist es, den Preiswettbewerb zwischen Händlern zu verhindern und eine konstante Qualität einer Warengattung zu gewährleisten. In Deutschland besteht eine solche Preisbindung z. B. für Bücher oder rezeptpflichtige Medikamente.

Vertragliche Preisbindung kann horizontal oder vertikal erfolgen. Vertragliche horizontale Preisbindung ist die Absprache von Preisen zwischen zwei Angehörigen derselben Absatzstufe, vertikale Preisbindung ist die Preisabsprache zwischen Angehörigen unterschiedlicher Absatzstufen, z. B. Hersteller und Händler. Beide Formen sind in Deutschland grundsätzlich gemäß Kartellgesetz verboten. Eine Ausnahme davon bilden Zeitungen und Zeitschriften, bei denen eine vertragliche vertikale Preisbindung erlaubt ist.

Preisbündelung

Zusammenfassung mehrerer Teilleistungen oder Güter zu einem Gesamtangebot mit einem einheitlichen Preis.

Preiscontrolling

Überwachung aller Phasen des Preismanagement-Prozesses. Es setzt voraus, dass Pläne und Preisziele explizit und messbar formuliert werden. Im laufenden Betrieb wird überwacht, ob die Pläne und die Preisziele tatsächlich realisiert werden. Im Abweichungsfall werden die Ursachen identifiziert und Maßnahmen ergriffen, um gegenzusteuern oder zu realistischeren Planwerten für die Zukunft zu gelangen.

Preisdifferenzierung

1. *Begriff:* Verkauf von sachlich gleichen Produkten (Sach- und Dienstleistungen) durch einen Anbieter an verschiedene Kunden/Kundengruppen (Marktsegmentierung) zu einem unterschiedlichen Preis; Instrument der differenzierten Marktbearbeitung. Ermöglicht das (teilweise oder totale) Abschöpfen von Gewinnpotenzialen. Preisdifferenzierung kann direkt über Preispolitik oder indirekt über Konditionenpolitik erfolgen.

2. *Formen:*

a. *Räumliche* Preisdifferenzierung: Veräußerung von Waren auf regional abgegrenzten Märkten zu verschieden hohen Preisen, z.B. Preisdifferenzierung zwischen In- und Ausland.

b. *Zeitliche* Preisdifferenzierung: Forderung verschieden hoher Preise für gleichartige Waren je nach der zeitlichen Nachfrage (z.B. Peak, Off-Peak Pricing; Abschöpfung von Konsumentenrenten).

c. *Zielgruppenorientierte* Preisdifferenzierung: Preisstellung je nach der marketingpolitischen Bedeutung (z.B. A- oder C-Kunden) und/oder den Absatzfunktionen der Zielgruppen, z.B. Studententarif.

d. *Sachliche* Preisdifferenzierung: Preishöhe je nach dem Verwendungszweck der Produkte, z.B. Preisdifferenzierung für verschiedenartige Abnehmer von Branntwein, verschiedene Strom- und Gastarife für Industrie- und Haushaltsverbrauch und Ähnliches.

Preisdurchsetzung

Beinhaltet alle Maßnahmen, die ergriffen werden, damit einmal festgelegte Preise auch am Markt durchgesetzt und nicht z. B. durch willkürliche Rabatte unterlaufen werden.

Preisempfehlung

Unverbindliche Preisempfehlung.

1. *Begriff:* Eine nicht auf vertraglicher Bindung beruhende, lockere, aber in den praktischen Auswirkungen einer solchen Bindung oft der Preisbindung zweiter Hand gleichkommende Art der Preisbeeinflussung durch den Hersteller.

2. *Formen:*

a. *Händler-Preisempfehlung:* Hersteller (seltener Großhändler) schlagen den Einzelhändlern – meist in Preislisten – die Wiederverkaufspreise vor; dem Konsumenten sind diese in der Regel nicht bekannt.

b. *Verbraucher-Preisempfehlung:* Hersteller empfehlen offen den Wiederverkaufspreis, meist durch Aufdruck auf der Ware.

3. *Zweck:* Hersteller versuchen ein in etwa einheitliches Preisniveau für ihre Produkte zu erreichen, um bei den Konsumenten vorhandene Preis-Qualitätsvorstellungen nicht zu gefährden. Handelsbetriebe akzeptieren Preisempfehlung als Kalkulationshilfe oder nutzen diese für gezielte Preisunterbietungen.

4. *Kartellrechtliche Beurteilung:* Soweit man einer Preisempfehlung überhaupt eine spürbare wettbewerbsbeschränkende Wirkung beimisst, ist sie gemäß Vertikal-GVO bis zu einem Marktanteil des Lieferanten sowie des Abnehmers (Händlers) von jeweils 30 Prozent vom Verbot des § 1 GWB und des Art. 101 I AEUV gruppenfreigestellt. Davon ausgenommen sind solche Preisempfehlungen, die sich faktisch wie Fest- oder Mindestpreise auswirken, etwa weil der Lieferant seine Preisempfehlung mithilfe von Druckausübung oder der Gewährung von Anreizen durchsetzt.

Preisfairness

Wichtiges Konstrukt in der Preiswahrnehmung. Preise werden als fair wahrgenommen, wenn der empfundene Nutzen die Zahlungsbereitschaft des Kunden nicht übersteigt und er sich nicht übervorteilt fühlt. Von hoher Preisfairness oder Preisgerechtigkeit spricht man, wenn ein Kunde den Preis als fair wahrnimmt. Preisfairness ist ein kompliziertes multiattributives Konstrukt, welches unter anderem folgende Komponenten beinhaltet: Preis-Leistungs- Verhältnis, Preiskonsistenz, Preiszuverlässigkeit, Preistransparenz, Preiskontrolle, Mitsprache in der Preisfindung oder Kulanzregelungen. Bei der Beurteilung der Preisfairness werden sowohl eigene Kauferfahrungen als auch Preise anderer Anbieter oder anderer Kunden (im Falle der Preisdifferenzierung) berücksichtigt. Hohe wahrgenommene Preisfairness weisen beispielsweise Internetflatrates auf (aufgrund der unbegrenzten Nutzung). Ein häufig verwendetes Beispiel für aus Käufersicht geringe Preisfairness ist die Preiserhöhung für Decken, Feuerholz oder Generatoren im Falle eines Stromausfalls im Winter. Die wahrgenommene Preisfairness hat Auswirkungen auf das Preisimage eines Anbieters.

Preisfindung

Prozess der Entscheidungsfindung zur Festlegung des Preises eines neuen Produktes.

Preisfixierung

Konjekturale Preisempfehlung. Ein Verkäufer kann den Preis festsetzen; die Käufer bestimmen die Mengen, die sie zu diesem Preis kaufen wollen.

Preisgarantie

Versprechen eines Anbieters, dass der gezahlte Preis gleich oder niedriger als jeder andere Konkurrenzpreis ist. Sollte dies nicht der Fall sein, wird innerhalb des Garantiezeitraums (zumeist eine Woche bis 14 Tage) entweder die Ware zurückgenommen oder die Preisdifferenz erstattet.

Preisgünstigkeit

Unabhängig vom Preis-Leistungs-Verhältnis beurteilte Günstigkeit eines Preises.

Preisharmonisierung

Annäherung von vormals unterschiedlichen (differenzierten) Preisen, besonders bei regionaler Preisdifferenzierung, vielfach in Form eines Preiskorridors.

Eine Preisharmonisierung wird z. B. notwendig, wenn Absatzmengen in hochpreisigen Ländern durch Reimporte aus niedrigpreisigen Ländern verdrängt werden.

Der *Gegensatz* ist die Preisdifferenzierung.

Preisimage

Gesamtheit der subjektiven Wahrnehmungen und Kenntnisse von Preismerkmalen bestimmter Anbieter, Marken, Einkaufsstätten etc. Das Preisimage kann, muss aber nicht immer identisch sein mit den tatsächlichen Preisen eines Anbieters im Wettbewerbsvergleich. Die Wichtigkeit des Preisimages ist gerade bei B2C-Kundenbeziehungen sehr hoch. Beispiele sind Einzelhandel, Flugreisen oder Telekommunikation. Einige Firmen versuchen Zweitmarken mit sehr günstigem Preisimage zu schaffen, um so preissensible Kunden anzusprechen.

Preisintelligenz

Wissen, Methoden und Erfahrungen für die Preissetzung, die in einem Unternehmen vorhanden sind.

Preiskartell

Vereinbarung selbstständiger Unternehmen über Preise. Preiskartelle verstoßen durch die hervorgerufene Wettbewerbsbeschränkung gegen § 1 GWB und Art. 101 I AEUV.

Sonderform: Submissionskartell.

Preiskompetenz

Vollmacht und gleichzeitig Fähigkeit, Preise setzen zu können. Die Preiskompetenz kann in einem Unternehmen zentral oder dezentral angesiedelt sein, je nach den Erfordernissen an Handlungsfreiheit und Harmonisierung.

Preiskonkurrenz

Preiswettbewerb; Art der Konkurrenz, bei der als wichtigstes Wettbewerbsinstrument Preismaßnahmen eingesetzt werden.

Preiskonvention

Ein dem Preiskartell verwandtes Rechtsinstrument, mit dem eine vergleichsweise lose Verpflichtung der vertragschließenden Parteien eingegangen wird, bestimmte Waren nicht über oder unter einem bestimmten Preis abzugeben. Derartige Preiskonventionen werden etwa für Bier, Brötchen, bestimmte Kuchensorten und Ähnliches abgeschlossen.

Preiskorridor

Setzt die Bandbreite zwischen Ziel- und Limitpreisen als Richtgröße für den Vertrieb und damit die operative Preisgestaltung. Im internationalen Kontext sollten sich die Preise für einzelne Länder in einem Preiskorridor bewegen, in dem Reimporte wirtschaftlich uninteressant sind.

Preislinienpolitik

Abstufung der Preise für verschiedene Produkte innerhalb einer Produktlinie.

Preismanagement

I. Begriff, Zielsetzung und Bedeutung

Das Preismanagement umfasst die Analyse, Planung, Festlegung, Umsetzung und Kontrolle von Preisen und Konditionen.

Ziel des Preismanagements ist es, durch eine entsprechende Ausgestaltung von Preisen und Konditionen die Marketingziele und damit letztlich die Unternehmensziele zu erreichen.

Aus ökonomischer Sicht kommt dem Preismanagement eine herausragende Bedeutung für die Erreichung der Unternehmensziele zu, die bislang jedoch noch nicht immer ausreichend gewürdigt wurde. So besteht zwar in der Praxis eine grundsätzliche Einsicht in die Zusammenhänge, der Implementierung eines effektiven Preismanagements stehen jedoch spezifische Schwierigkeiten gegenüber. Die Bedeutung des Preismanagements resultiert zum einen aus der Hebelwirkung des Preises. Eine Preisänderung bewirkt in der Regel eine überproportionale Änderung des Deckungsbeitrags/Gewinns. Bei beispielsweise 10 Prozent Deckungsbeitrag/Gewinn führt eine fünfprozentige Preissenkung unter der Annahme konstanter Absatzmengen zu einer Reduzierung des Deckungsbeitrags/Gewinns um 50 Prozent. Umgekehrt führt bei gleichen Annahmen eine fünfprozentige Preiserhöhung zu einer Deckungsbeitrags-/Gewinnsteigerung von 50 Prozent. Dabei gilt: Je geringer der prozentuale Deckungsbeitrag bzw. Gewinn ist, desto größer ist die Hebelwirkung des Preises auf diesen.

Der Preis beeinflusst neben der Wert- auch die Mengenkomponente. Die Menge hängt ökonomisch gesehen vom Preis ab (Preisabsatzfunktion). Im Normalfall führt ein hoher Preis zu einer geringen Menge und umgekehrt. Die Mengenkomponente beeinflusst direkt Umsatz und Gewinn, gleichzeitig steht sie für Beschäftigungssituation, Auslastung, Kostenniveau (Erfahrungskurveneffekte) und Marktanteil.

Kommen nun noch sich dynamisch verändernde Umweltzustände wie Wettbewerbsaktivitäten, verändertes Konsumentenverhalten und neue Technologien hinzu, so wird deutlich, dass isolierte preispolitische Maßnahmen nicht mehr ausreichen um die Unternehmensziele zu erreichen. Vielmehr ist ein eigenständiges und ganzheitliches Preismanagement notwendig.

II. Phasen des Preismanagements

1. *Analyse*: Zu Beginn des Preismanagements steht die Analyse. Ziel der Analyse ist es, den ökonomischen Zusammenhang zwischen unter-

schiedlichen Preisen und den jeweils realisierbaren Mengen unter Berücksichtigung verhaltenswissenschaftlicher Einflussfaktoren zu verstehen. Nur dann ist es möglich, optimale Preisentscheidungen im Sinne der Unternehmensziele zu treffen.

Zentrale Herausforderungen für die Analyse sind die Multikausalität von Marketingentscheidungen auf der einen Seite und die Reserviertheit der Nachfrager, ihre eigenen Preisbereitschaften zu offenbaren, auf der anderen Seite. Multikausalität bedeutet, dass die realisierten Absatzmengen nicht nur durch die Preisgestaltung, sondern durch eine Vielzahl eigener Maßnahmen und solcher des Wettbewerbs beeinflusst werden. Dies erschwert die Isolation einzelner preispolitischer Wirkungszusammenhänge.

Weiterhin sind die Nachfrager selbst in der Regel nicht bereit, freiwillig ihre wahre Preisbereitschaft zu offenbaren, da dies eine Abschöpfung der Konsumentenrente durch das Unternehmen ermöglicht. Vor diesem Hintergrund gibt es unterschiedliche Ansatzpunkte zur Ermittlung des Preis-Mengen-Zusammenhangs. Zunächst können interne Unternehmensinformationen genutzt werden. Dabei handelt es sich um Erfahrungen aus früheren Preisänderungen sowie Analysen vorliegender Daten zu Abverkäufen und Rabatten (objektive Daten). Trotz einfacher Verfügbarkeit dieser Daten sind die Ergebnisse durch die angesprochene Multikausalität teilweise nur eingeschränkt verwendbar. Weiterhin kann das subjektiv vorhandene Wissen des Managements genutzt werden, wenn es gelingt, dieses ausreichend zu quantifizieren. Vorteilhaft ist die schnelle und kostengünstige Umsetzbarkeit, doch die Datenqualität schwankt mit dem jeweiligen Erfahrungshorizont. Über die internen Informationen hinaus sind weitere Daten bei den (potenziellen) Kunden direkt zu erheben. Je nach Untersuchungsgegenstand ist es möglich, auf Preistests zurückzugreifen. Bei teilweise aufwendigem Untersuchungsdesign besteht die Chance, durch die Kombination von Produkt und Preis realistische Ergebnisse zu erhalten. Von der Anlage her weniger aufwendig und vielfältiger einsetzbar sind Befragungen zur Preisbereitschaft. Direkte Fragen führen aufgrund der Eigeninteressen der Befragten nur bedingt zum Ziel, daher sind indirekte Befragungsmethoden wie beispielsweise das Conjoint Measurement in seinen diversen Varianten oder spezielle Fragetechniken wie die Van-Westendorp-Methode einzusetzen. Auch über Auktionsmodelle wie insbesondere die Vickrey-Auktion können Preisbereitschaften ermittelt werden. Häufig werden parallel verschiedene Quellen genutzt und unterschiedliche Methoden der Preisermittlung eingesetzt, um der besonderen Bedeutung des Preises für den Unternehmenserfolg sowie den spezifischen Herausforderungen an die Messung von Preisbereitschaften gerecht zu werden.

Die konsumentenseitige Preisbereitschaft ist immer im Zusammenhang und Vergleich mit dem Konkurrenzangebot zu ermitteln. Weiterhin sind verhaltenswissenschaftliche Faktoren wie Preiswahrnehmung, Preiskenntnis und Preisbewusstsein zu berücksichtigen. Da sich die Rahmenbedingungen ständig verändern, ist die Analyse im Rahmen des Preismanagements regelmäßig zu überprüfen und zu aktualisieren.

2. *Planung und Festlegung*: Die Kenntnis von Preisbereitschaften und Wettbewerbspreisen führt zusammen mit den Unternehmenszielen zur Planung des Preissystems. Ziel ist es, Preise und Konditionen vor dem Hintergrund der ermittelten Rahmenbedingungen optimal zur Erreichung der Unternehmensziele einzusetzen. Unterschieden werden kann zwischen der erstmaligen Setzung von Preisen für Neuprodukte und der kontinuierlichen Anpassung von bestehenden Preisen.

Das Preissystem stellt die Anzahl und den Zusammenhang aller Preise dar. Im einfachsten Fall handelt es sich um Einzelpreise pro Produkt. Häufig existieren mehrdimensionale Preissysteme, wenn beispielsweise Preisdifferenzierung angewendet wird. Grundsatzentscheidung ist damit die Frage nach Einführung einer Preisdifferenzierung und dem Grad der Preisdifferenzierung. Weitere Maßnahmen können mehrdimensionale Tarife sein oder Preisbündelung. Die Anforderung besteht darin, ein konsistentes und in sich schlüssiges System zu erreichen, das unterschiedliche Preisbereitschaften optimal abschöpft. Die Komplexität bzw. Einfachheit eines solchen Preissystems kann bereits an sich ein Faktor sein, der die Attraktivität eines Produktes oder einer Leistung mitbestimmt. Das Gleiche gilt für die Gestaltung eines Konditionensystems. Werden Preise nach bestimmten Parametern ständig dynamisch im Zeitverlauf verändert, so ist ein sogenanntes Revenue Management einzurichten; dabei bestehen einige Voraussetzungen (unter anderem Vorausbuchungs-Erfordernis, fixe Kapazitäten, Verfall der Leistung bei Nichtinanspruchnahme).

Neben der Struktur des Systems ist die absolute und relative Höhe der Preise festzulegen. Dies geschieht auf Basis der ermittelten Preis-Mengen-Kombinationen, der Kostensituation und der Unternehmensziele unter Berücksichtigung von möglichen Konkurrenzreaktionen.

Die Planung erfolgt mithilfe von Simulationsmodellen und -rechnungen, mit denen die zu erwartenden Effekte der Preismaßnahmen in ihren Wirkungen abgeschätzt werden.

3. *Umsetzung*: Die Umsetzung der Preisfindung beinhaltet die Kommunikation der festgelegten Preise und die Vertretung der Preise durch den Vertrieb. Ziel ist es, die einmal festgelegten Preise beim Endkunden auch durchzusetzen. Die Kommunikation gegenüber dem Endkunden ist ein zentraler Faktor für die erfolgreiche Umsetzung der Preise. Dadurch werden die Akzeptanz und damit der Erfolg von Preisänderungen entscheidend beeinflusst.

Für den Fall eines direkten Kundenkontaktes durch Vertriebsmitarbeiter des Unternehmens (z. B. Konsumgüterhersteller gegenüber Handelsunternehmen bzw. bei Investitionsgütern) hängt die Umsetzung vorgegebener Preise und damit die Durchsetzung der Preisforderungen des Unternehmens entscheidend von den Preiskompetenzen der Vertriebsmitarbeiter sowie deren Incentivierung ab. Werden lediglich Umsatzkomponenten bei der Berechnung der variablen Vergütung berücksichtigt, so besteht die Gefahr, dass mit dem Ziel hoher Umsätze zu hohe Preisnachlässe gewährt und damit die Umsetzung einmal für richtig erachteter Preise verhindert wird.

4. *Kontrolle*: Im Sinne eines Regelkreises sind abschließend die Effekte durch die Preisänderung zu beobachten und systematisch auszuwerten. Ziel der Kontrolle ist die Verbesserung von zukünftigen Preisentscheidungen und die Identifikation von Anpassungsbedarf. Die Kontrolle geht nahtlos in die erneute Analyse der Situation über, womit sich der Kreislauf schließt.

III. Träger des Preismanagements

Die Aufgaben des Preismanagements werden teilweise von speziellen Preismanagern übernommen, teilweise gehören sie auch zu den Aufgaben von Marketingmanagern oder Produktmanagern. Über diese unmittelbaren Aufgabenträger hinaus ist insbesondere in strategischer Hinsicht das Topmanagement involviert. Auch der Außendienst übernimmt Teilfunktionen, sobald ihm Preiskompetenzen übertragen werden. Eine wesentliche Beteiligung geht ebenfalls von der Produktion sowie vom Finanz- und Rechnungswesen/Controlling aus.

Preismetrik

Maßeinheit, die der Preisberechnung bei Abgabe von Produkten in variabler Menge zugrunde liegt. Häufig verwendete Metriken sind Mengeneinheiten (Logistik z.B. pro Stück, pro Palette), Flächeneinheiten (Immobilien, Flächenvermietun z.B. pro m^2), Volumeneinheiten (Flüssigkeiten z.B. pro Liter, pro m^3), Zeiteinheiten (Mobilfunk, z.B. pro Minute, pro Monat).

Preismodell

Beschreibt konkret, wie das Unternehmen seine Leistung monetarisiert; beinhaltet Aussagen zu Preisbasis, Preismetrik, Preisstruktur. Beispiele für Preismodelle sind SaaS (Software as a Service), Flatrate, Freemium, Auktionen, Subscription, Dynamisches Pricing.

Preisnachlass

Verringerung des Kaufpreises durch den Verkäufer:

1. Aufgrund einer Mängelrüge: Minderung;

2. aus wirtschaftlichen Gründen: Erlösschmälerungen, Rabatt.

Preisoptik

Einbezug von Wahrnehmungsaspekten in die Preisgestaltung, um eine attraktive oder besonders faire Preisgestaltung zu suggerieren.

Preispflege

Regelmäßige Preisanpassungen eines Herstellers oder Händlers, um den Preis auf einem akzeptablen Niveau zu halten.

Preispolitik

Alle Maßnahmen zur Beeinflussung von Preisen.

I. Staatliche Preispolitik

1. *Ziele:* Kontrolle und Festsetzung von Preisen mit der Absicht:

a. das Preisniveau auf einigen Märkten oder auf sämtlichen Märkten zu bestimmen;

b. einem Preisauftrieb oder Preisverfall vorzubeugen und eine von dieser Seite her wirkende Geldentwertung oder Depression zu vermeiden.

2. *Mittel:* Preisüberwachung, örtliche Preiskontrolle, staatliche Preisfestsetzung, Preisstopp, Vorschriften bzw. Überwachung des Rechnungswesens.

II. Genossenschaftliche Preispolitik

Muss auf die Erfüllung des Förderungsauftrages gegenüber den Mitgliedern ausgerichtet sein.

1. Bei einer direkten finanziellen Förderung der Mitglieder sind die Genossenschaftspreise auf den Absatz- und Beschaffungsmärkten des Geschäftsbetriebes so festzulegen, dass in den Mitgliederwirtschaften eine unmittelbare genossenschaftsverursachte Erlössteigerung bzw. Kostensenkung eintritt.

2. Die indirekte finanzielle Förderung der Mitglieder beinhaltet, dass durch marktorientierte Preise Gewinne erwirtschaftet werden, die entweder im Rahmen der Dividendenpolitik ausgeschüttet werden, oder über Rücklagen zu einer langfristigen Substanzerhaltung bzw. Leistungsverbesserung des genossenschaftlichen Geschäftsbetriebes beitragen. Der Genossenschaftsgewinn ist nicht Selbstzweck, sondern Mittel zum Zweck der Förderung der Mitglieder. Der Genossenschaftsbetrieb kann seine Beschaffungs- bzw. Absatzpreise so gestalten, dass im Geschäftsbetrieb

kein Genossenschaftsgewinn entsteht, sondern lediglich eine Kostendeckung. Dies ist in der Praxis deswegen nicht üblich, weil Gewinne zur allgemeinen Risikoabdeckung notwendig sind und über die Rücklagen außerdem das fluktuierende Beteiligungskapital durch Mitgliederaustritte ausgeglichen werden kann. Die Gleichbehandlung der Genossenschaftsmitglieder wird dann durch eine Preisdifferenzierung nicht beeinträchtigt, wenn diese nach Umsatzmengen, der Qualität der abgelieferten Produkte, Barzahlungsrabatten und Ähnlichem vorgenommen wird. Im Rahmen der Rückvergütung wird gegenüber den Genossenschaftsmitgliedern eine sehr wirksame indirekte Preispolitik (bei Zinsen und Warenpreisen) vorgenommen.

III. Erwerbswirtschaftliche Preispolitik

Teil der Marketingpolitik, der marketingpolitischen Instrumente einer Unternehmung, gestützt auf die Ergebnisse der Marktforschung und der Kostenrechnung bzw. Kalkulation (Preisuntergrenze).

Beeinflussung des Marktpreises auf polypolistischen Märkten nur bei Vorliegen eines unvollkommenen Marktes möglich (Preisabsatzfunktion). Die Marktforschung zeigt Möglichkeiten der Preisdifferenzierung.

Preispremium

Preisdifferenz zum Konkurrenzpreis, die ein Anbieter, eine Marke oder eine Einkaufsstätte aufgrund der individuellen Präferenz eines Nachfragers erzielen kann.

Preisprozess

Pricing-Process; System von Regeln und Verfahren zur Festlegung und Durchsetzung von Preisen. Der Preisprozess umfasst Informationen, Modelle, Entscheidungsregeln, Organisation, Verantwortlichkeiten, Incentives, Timing sowie Kompetenzen und Qualifikationen. Objektive Daten und subjektive Erfahrungen fließen ein. Die Abfolge besteht aus Analyse, Entscheidung, Implementierung und Monitoring/Controlling.

Preisresponsefunktion

Preiswirkungsfunktion; Größe zur Messung der Abhängigkeit von Preisen/ Preisänderungen auf Absatz/Absatzänderungen.

Preisschleuderei

Absatz um jeden Preis *(„Schleuderpreise"),* ohne Rücksicht auf die Gestehungskosten.

Wettbewerbsrechtliche Beurteilung: Behinderungswettbewerb.

Preisschwelleneffekt

Erscheinung, dass die Erhöhung/Senkung eines Preises über eine Preisschwelle hinaus zu einem/einer sofortigen größeren Rückgang/Zunahme der nachgefragten Menge führt.

Preissensibilität

Wichtigkeit des Preises im Kaufentscheidungsprozess. Je preissensibler ein Kunde ist, desto stärker reagiert er auf Preise und Preisänderungen. Das kann beim Kunden eine generelle Einstellung sein, produktkategoriespezifisch auftreten und von situativen Faktoren abhängen. Menschen sind z. B. im Urlaub häufig wenig preissensibel. Einige Konsumenten sind bei Autos wenig preissensibel, dafür umso mehr beim Einkauf von Nahrungsmitteln.

Sehr ähnliche, in der Marktforschung kaum zu unterscheidende Konstrukte sind Preisbewusstsein und Preiswichtigkeit.

Preisstaffeln

Preisreihen, Preisstufungen; Reihen gestufter Preise für Waren gleicher Zweckbestimmung, aber unterschiedlicher Ausstattung, Qualität, Größe etc. Die Preise solcher Waren, ergeben der Höhe nach geordnet eine Reihe (Stufenfolge, Staffel), deren Gliedabstände als *Staffelmargen* bezeichnet werden können.

Ursachen: Die Preisstaffeln erwachsen aus der Staffelung der Handelsspannen (Staffelspannen) oder auch aus einer Preisdifferenzierung.

Erscheinungsformen: Sie können ausgebildet sein nach Qualität, Größe, Menge, Abnehmergruppen, Absatzgebieten, Absatz- bzw. Erzeugungszeiten, Erzeugergruppen, Erzeugergebieten, Verwendungszwecken, und zwar

1. als feste Verhältnisse, die einmal festgesetzt innerhalb der Warenart überall verwandt werden, oder

2. als Einzelfestsetzungen.

Oft gelten für die gleiche Ware zwei und mehr Staffelungsgesichtspunkte nebeneinander, z. B. Größen-, Abnehmergruppen- und Absatzgebietsstaffeln.

Anwendung: Staffelpreise sind hauptsächlich bei gebundenen Preisen üblich (Vertragsspannen, Zwangsspannen), kommen aber auch bei den freien Marktpreisen vor. Am verbreitetsten ist die Mengenstaffelung.

Preisstellung

Preisniveau einer Leistung im Verhältnis zu vergleichbaren Konkurrenzpreisen.

Preisstruktur

Relevant bei Produkten, die in variabler Menge abgegeben werden. Generelle Unterscheidung in lineare Preisstruktur (einheitlicher Preis für jede Einheit des Produktes) und nichtlineare Preisstruktur (Preise unterscheiden sich in Abhängigkeit der nachgefragten Anzahl Produkteinheiten, z. B. Rabatt ab der 10. Einheit).

Preissystem

Systematische Bildung von Preisen. Ziel ist ein konsistenter Aufbau der Preise, um die preispolitischen Ziele des Unternehmens zu erreichen.

Preistest

Teil des Produkttests oder aber auch ein eigenständiger Test mit dem Ziel, eine Vorstellung über den Preis eines Produktes zu gewinnen, den die Konsumenten zu zahlen bereit sind.

Vorgehensweisen:

1. Van-Westendorp-Analyse: Den Probanden wird das Produkt gezeigt. Dann werden sie gefragt (offene Frage):

a. Welcher Preis ist angemessen, aber noch günstig?

b. Welcher Preis ist relativ hoch, aber noch vertretbar?

c. Welcher Preis ist zu hoch?

d. Welcher Preis ist so niedrig, dass Zweifel an der Qualität geweckt werden?

Die Methode liefert einen akzeptablen Preisbereich zwischen den Schnittpunkten der kumulierten Kurven zu d. mit b. und a. mit c.

2. Conjoint-Analyse, wobei der Preis ein Produktmerkmal ist.

3. Der von der GfK angebotene Price-Challenger, bei dem den Befragten wiederholt die Produkte ihres relevant Set angeboten werden und sie gefragt werden, welches Produkt sie in dieser Situation kaufen würden. Die Methode liefert Preis-Absatz-Kurven, Preiselastizitäten und Kreuzpreiselastizitäten.

Preisuntergrenze

Untere Grenze der Preissetzung.

1. *Langfristige Preisuntergrenzen* sind die Durchschnittskosten pro Einheit (inklusiver der fixen Kosten), da langfristig auch die fixen Kosten über die Preise erwirtschaftet werden müssen.

2. *Kurzfristige Preisuntergrenzen* sind die variablen Kosten; kurzfristig kann – sofern keine Auswirkungen auf die Preispolitik damit verbunden sind – auf die Deckung der Fixkosten verzichtet werden.

Preisverhandlung

Individuelle Aushandlung eines Preises zwischen (mindestens) zwei Parteien. Der ausgehandelte Preis hängt im Wesentlichen von der Verhandlungsposition und -stärke der Parteien ab, sodass von individueller Preisdifferenzierung gesprochen werden kann. Insbesondere im B2B-Bereich kommen die Preise meist nicht durch Festsetzung des Anbieters, sondern durch eine Verhandlung zustande.

Preiswahrnehmung

Subjektive Wahrnehmung und Erinnerung von Preisen.

Prestigeprodukte

Angebote, die die Befriedigung von Geltungsbedürfnissen bei Nachfragern zum Ziel haben. Essentieller Bestandteil des Angebotes ist demnach der Geltungsnutzen des Produktes. Die Angebote werden daher vorrangig aufgrund des Statusgewinns für den Besitzer gekauft.

Problemanalyse

Kreativitätstechnik in der Produktentwicklung, bei der bestehende Produkte analytisch daraufhin untersucht werden, inwieweit sie einen Bedarf nur unzureichend decken bzw. ein bestehendes Problem beim Kunden nur schlecht lösen. Aus diesen Erkenntnissen werden dann neue Produkte entwickelt, die das Problem besser zu lösen vermögen.

Produkt-Markt-Expansionsraster

Schema zur Darstellung von intensiven Wachstumsmöglichkeiten, welches von Ansoff entwickelt wurde. Es werden bestehende und neue Produkte mit bestehenden und neuen Märkten kombiniert. Ausgangspunkt der Überlegungen sollte sein, ob sich mit dem aktuellen Produktangebot weitere Marktanteile in den aktuell bearbeiteten Märkten gewinnen lassen (Marktdurchdringung). Anschließend sollte versucht werden mit den aktuellen Produkten in neue Märkte vorzudringen (Marktentwicklung). In einem dritten Schritt bietet sich die Möglichkeit intensives Wachstum durch eine Produktentwicklungsstrategie (Produktentwicklung) zu realisieren. Dabei wird der der aktuelle Kundenkreis mit neuen Produkten angesprochen.

Letztlich bietet sich die Möglichkeit mit neuen Produkten in neue Märkte vorzudringen (Diversifikation). Die letzte Möglichkeit ist mit dem größten

Risiko verbunden, da hierbei im Unternehmen weder intensive Erfahrungen mit dem Produkt noch mit dem Markt vorliegen.

	Gegenwärtige Produkte	Neue Produkte
Gegenwärtige Märkte	Markt-durchdringungs-strategie	Produkt-entwicklungs-strategie
Neue Märkte	Markt-entwicklungs-strategie	(Diversifikation)

Produktanalyse

1. *Begriff:* Überprüfung existierender Produkte anhand spezifischer Kriterien auf seine Güteeigenschaften, Gestaltung und Konkurrenzfähigkeit zu einem bestimmten Zeitpunkt.

2. *Arten:* Die Produktanalyse kann bei Konkurrenz- oder eigenen Produkten erfolgen.

a. Konkurrenzprodukte werden nach der Produkteinführung untersucht, um Anhaltspunkte für die eigene Entwicklung und für Marktreaktionen zu erhalten.

b. Die Analyse eigener Produkte sollte periodisch erfolgen und die Markttauglichkeit des Produktes im Vergleich zum Wettbewerb überprüfen.

3. *Zweck:* Planung und Durchführung von Verbesserungen eigener Produkte zugunsten der Marktgängigkeit.

4. *Ablauf:* Ausgehend von Anhaltspunkten für eventuelle Anpassungsmaßnahmen (z. B. Marktanteilsverlust) sind die Ursachen für die unerwünschten Änderungen zu prüfen (z. B. Anspruchswandel, technischer Fortschritt, Angebotsfehler). Die Prüfung der Ursachen bildet die Grundlage für die Anpassungsstrategie der Produktmodifikation (z. B. Relaunch) oder die Produktelimination.

Produktbewertung

1. *Begriff:* Beurteilung eines Produkts hinsichtlich seiner Absatzmarkttauglichkeit.

2. *Arten:* Die Produktbewertung kann durch unterschiedliche Marktteilnehmer erfolgen.

a. Bewertung durch das Unternehmen erfolgt erstmalig vor Einführung des Produktes am Markt. Das Unternehmen entscheidet über die Aufnahme des Produktes in das Absatzprogramm mithilfe quantitativer Kriterien (z. B. Marktanteil, Umsatz, Deckungsbeitrag, Umschlagshäufigkeit) und qualitativer Kriterien (z. B. Vorteilhaftigkeit für das Programm, Imagewirkung, Marktchancen bei alten und neuen Käufergruppen, marketingpolitische Alternativen).

b. Bewertung durch den Kunden nach der Markteinführung. Der Kunde beurteilt die Produkte im Sinne der Erwartungserfüllung. Durch die Nutzung moderner IuK-Technologien (Web 2.0, Bewertungsportale, ...) kann er seine Produktbewertungen sehr einfach mit anderen Kunden teilen.

3. *Abgrenzung:* Im Gegensatz zur Produktanalyse, die sich auf die fertigen, vorhandenen Produkte bezieht, steht hier die Bewertung unterschiedlicher Produktvorschläge im Mittelpunkt. Die Begrenztheit der Ressourcen erzwingt die Auswahl der bezogen auf die Zielsetzung bestgeeigneten Alternativen. Das Gesamturteil setzt sich aus der Addition der gewichteten Teilurteile zusammen (Scoring-Modelle).

Produktbezogene Dienstleistung

1. *Begriff:* Erweiterung des Kernangebotes um zusätzliche Dienstleistungen.

2. *Zweck:* In vielen Bereichen ist eine Homogenisierung der Grundprodukte zu beobachten, weshalb es schwieriger wird, sich rein durch die Kernleistung vom Wettbewerb zu unterschieden. Um in diesem Umfeld Wettbewerbsvorteile zu erzielen, kann das Kernprodukt durch zusätzliche Leistungen ergänzt werden. Bspw. können Sachgüter mit komplementären Dienstleistungen kombiniert werden, sodass ein Leistungsbündel ent-

steht, das aus materiellen und immateriellen Bestandteilen zusammengesetzt ist. So wird ein Autohersteller im nicht nur das Fahrzeug anbieten, sondern kann das Angebot durch Fahrtrainings, Finanzierungs- und Wartungsangebote erweitern.

Produktdifferenzierung

1. *Begriff:* Hinzufügen einer weiteren Produktvariante zum Absatzprogramm unter Beibehaltung der bisherigen Ausführung. Es erfolgt somit entweder eine Variation im Sinne der Programmbreite oder Programmtiefe. Eine Produktdifferenzierung erfolgt im Produktlebenszyklus typischerweise zur Ausdehnung der Wachstumsphase und somit bevor Stagnation erreicht ist.

2. *Arten:*

a. Es kann sich einerseits um eine eher sachlich-rationale oder um eine eher affektiv-anmutungshafte Differenzierung handeln.

b. Andererseits kann auch nach der Differenzierung von Produktkern oder -hülle unterschieden werden. Hüllendifferenzierungen sind z. B. Verpackungsmodifikationen, Karrosserievarianten, Kerndifferenzierungen sind z. B. Motorvarianten, Konstruktionsänderungen etc.

3. *Zweck:* Ansprüche einer Teilzielgruppe genauer als bisher zu befriedigen oder zusätzliche Kundengruppen ansprechen.

Produktelimination

1. *Begriff:* Endgültige Herausnahme einzelner Produktvarianten (Produktvariation) aus dem Absatzprogramm.

2. *Arten:*

a. Bei einer vollständigen Elimination wird das Produkt komplett vom Markt genommen.

b. Eine teilweise Elimination liegt vor, wenn ein bedeutsames Vermarktungsinstrument (z. B. Werbung) eingestellt wird. Trotz der reduzierten Absatzmenge kann das Produkt infolge der Kostensenkung erfolgreich sein.

3. *Anlass:* Wenn ein Produkt nicht mehr die gesetzten Ziele erfüllt und auch Vermarktungsintensivierungen sowie eine Produktvariation (Relaunch) oder Vermarktungsvariationen keinen Erfolg versprechen, muss eine Eliminationsentscheidung gefällt werden.

Produktentwicklung

1. *Begriff:* Die Möglichkeit durch neue Produkte oder Verbesserung bestehender Produkte auf bestehenden Märkten Wachstum zu realisieren. Produktentwicklung ist im Produkt-Markt-Expansionsraster von Ansoff eine der vier alternativen Stoßrichtungen zur Erschließung von Wachstumsquellen.

2. *Arten:*

a. Innovationen im Sinne von echten Marktneuheiten auf einem bestehenden Markt oder

b. die Erweiterung des Produktprogrammes durch die Entwicklung zusätzlicher Produktvarianten.

Produktfamilie

Produktlinie, Produktgruppe.

1. *Begriff:* Im Absatz komplementär miteinander verbundene Produkte. Im Mittelpunkt steht dabei das Denken in Verwendungszusammenhängen aus Sicht des Kunden (z. B. Pflegeserien bei Kosmetika.. Der Vertrieb erfolgt meist unter Anwendung einer gemeinsamen Marke (Dachmarke), sogenannte Markenfamilie.

2. *Ablauf:* Bei der Konzeption einer Produktfamilie sind vier Parameter festzulegen:

a. Art der Komplementarität,

b. Intensität der Produktverbundenheit bei der Produktnutzung und beim Produktverkauf,

c. relativer Rang der Produkte in der Produktfamilie und

d. Definition der Dimensionen der Produktfamilie in Breite und Tiefe.

Produktgeschäft

1. *Begriff:* Eine der drei klassischen Formen im Industriegütermarketing.

2. *Merkmale:* Die Produkte werden für einen breiten Markt (also nicht kundenspezifisch) und ohne Verbundwirkungen angeboten. Der Kauf- Verkaufsprozess ist weniger komplex als beim Anlagengeschäft und Systemgeschäft, bei denen Maschinen- oder Aggregatverbunde vermarktet werden. Auch beim Produktgeschäft gewinnen Software-Elemente (Dienstleistungen) wie z. B. Beratung, Schulung, Finanzierung und Lösungen für Schnittstellenprobleme (Integralqualität) zunehmend an Bedeutung. Es zeigt sich ein Trend vom traditionellen Produktgeschäft zum Systemgeschäft.

Produktgestaltung

Produkt Design; Instrument zur Produktdifferenzierung.

1. *Begriff:* Festlegung der Erscheinungsform eines Erzeugnisses in Qualität, Form, Verpackung und Markierung abhängig von der Produktart (Produkttypologie). Produktgestaltung als Teilaspekt der Produktpolitik erstreckt sich auf Überlegungen, wie die im Rahmen der Produktplanung fixierten Leistungen umgesetzt bzw. erfüllt werden sollen.

2. *Ziele:*

a. Gezielte Veränderung der Produktqualität durch bedarfs-, verfahrens- und/oder materialbedingte Produktvariationen;

b. Erstellung und Realisierung neuer Produkte und Dienstleistungen (Produktinnovation).

3. *Teilaufgaben:*

a. Bereits vorhandene und angebotene Produkte sind an gewandelte Bedarfsstrukturen anzupassen.

b. Neue Produkte sind für den latenten Bedarf zu schaffen bzw. neue Bedarfsrichtungen durch neue oder veränderte Angebote zu wecken.

c. Eine Anpassung der Produkte an Veränderungen der Herstelltechnologie und an neue oder qualitativ variierte Erzeugnishauptstoffe ist zu vollziehen.

Produktinnovation

1. *Begriff:* Aufnahme neuartiger Produkte als Ergebnis eigener oder fremder Forschung und Entwicklung in das Absatzprogramm. Gegenüber Invention ist Innovation durch Marktbezug, im Sinne einer erfolgreichen Markteinführung, gekennzeichnet. Der Neuigkeitsaspekt kann sich auf den Anbieter, den Nachfrager und die Branche beziehen. Des Weiteren interessiert die Neuigkeitsintensität. Neben technischen sind auch anmutungshafte (z. B. ästhetische) Innovationen möglich. Entsprechend der Theorie des Variety Seeking (Zunahme des Abwechslungsanspruchs) hofft man auf Neukäufe. Bei der Diffusion der Innovationen muss an die Lernbereitschaft und -fähigkeit der Käufer gedacht werden. Zu viele Innovationen in zu kurzer Zeit führen zu Kaufattentismus.

2. *Arten:*

a. Produktdiversifikation (Diversifikation);

b. Produktdifferenzierung.

Produktklassifikation

1. *Begriff:* Einteilung von Produktgruppen anhand festgelegter Kriterien.

2. *Arten:* Kriterien der Klassifizierung können sein:

a. *Verwendungsreife:* Produkt kann direkt oder erst nach einer – mehr oder weniger umfangreichen – Bearbeitung einer bestimmten Verwendung zugeführt werden. Entsprechend wird zwischen Roh- und Urstoffen, Halbfertigerzeugnissen (Halbwaren, Zwischenprodukte) und Fertigerzeugnissen unterschieden.

b. *Verwendungszweck:* Konsumgüter, Investitionsgüter.

c. *Größenordnung der Fertigung:* Massenprodukte, d.h. für anonyme Märkte gefertigte Erzeugnisse in großen Stückzahlen (z. B. Streichhölzer) und Individualgüter, d.h. nach Spezifikation des individuellen Auftraggebers hergestellte Produkte (z. B. Bekleidung nach Maß).

d. *Beschaffungsaufwand:* Güter, die durch umfangreichen Kaufentscheidungsprozess individueller oder organisationaler Art, und Güter, die durch extrem kurze (impulsive) Kaufentscheidungsprozesse gekennzeichnet sind.

Im *Konsumgüterbereich* werden weiter unterschieden:

a. *Gewohnheitsartikel* (Convenience Goods): Waren des täglichen Bedarfs, Impulsprodukte, Gegenstände für den Notfall;

b. *bewusst ausgewählte Güter* (Shopping Goods);

c. *Spezialerzeugnisse* (Speciality Goods);

d. *nicht gefragte Produkte* (Unsought Goods).

Produktlinie

1. *Begriff:* Verschiedene Varianten eines Produktes werden in einer Produktlinie zusammengefasst. Beispielsweise bietet Apple verschiedene Varianten seines iPhones an, um mit einem Produkt unterschiedliche Kundenbedürfnisse zu befriedigen.

2. *Merkmale:* Im Normalfall handelt es sich um substitutive Beziehungen zwischen den zughörigen Produkten. Von unten angefangen bietet die jeweils nächsthöhere Variante für einen höheren Preis mehr Ausstattungsniveau.

3. *Zweck:* Aus den verschiedenen Varianten kann der Kunde die gewünschte auswählen. Das Unternehmen kann somit individueller auf Kundenwünsche eingehen. Die optimale Länge der Produktlinie ist abhängig von der Zielsetzung des Unternehmens. Unternehmen, die dem Kunden ein volles Angebotsspektrum bieten wollen oder auf hohe Marktanteile abzielen, werden eine umfangreichere Produktlinie aufbauen als Unternehmen, die auf eine hohe Profitabilität achten.

Der *Gegensatz* ist die Produktfamilie.

Produktlizenz

Art der Lizenz. Der Lizenzpartner erhält die Genehmigung zur Herstellung (und zum Vertrieb. eines vom Lizenzgeber bisher produzierten Erzeugnisses. Es kann sich hierbei um eine Eigenentwicklung des Lizenzgebers handeln oder um die Vergabe einer Unterlizenz. Gegenstand der Produktlizenz können in beiden Fällen komplette, marktreife Erzeugnisse (z. B. PKW, LKW, elektronische Geräte), Produkt- bzw. Einbauteile oder Beiprodukte sein.

Produktpflege

Bestehende Produkte werden behutsam aber kontinuierlich weiterentwickelt. Um die hohe Floprate von Innovationen zu vermeiden, wird der Fokus auf Evolution statt Revolution gelegt. Im Idealfall können durch Long-Life-Gestaltung Marktklassiker hervorgebracht werden. Durch die relative Konstanz des Angebotes kann mit weniger Aufwand mehr Marktwirkung erzielt werden. Bei der Pflege sind kleine, möglichst wenig auffällige Produktvariationsmaßnahmen ebenso möglich wie differenzierende Maßnahmen der Ausweitung der Produktfamilie. Grundlage für die Strategie der Produktpflege sind weitgehend zeitinvariante Maßnahmen der Produktgestaltung.

Der *Gegensatz* ist die Produktinnovation.

Produktpiraterie

1. *Begriff:* Gezielte Verletzung von Urheberrechten und gewerblichen Schutzrechten durch unerlaubtes Nachahmen und Kopieren von Waren.

2. *Merkmale:* Erfasst heute alle Schutzgegenstände und alle Warenbereiche bis hin zu den Massenartikeln des täglichen Gebrauchs. Durch das Gesetz zur Stärkung des Schutzes geistigen Eigentums und zur Bekämpfung der Produktpiraterie vom 7.3.1990 (BGBl. I 422. sind die straf-, zivil- und öffentlich-rechtlichen Mittel zur Durchsetzung bestehender Schutzrechte verbessert worden, besonders durch Verschärfung der strafrechtlichen Sanktionsmöglichkeiten, durch Erweiterung der Vernichtungs- und Einziehungsmöglichkeiten und Schaffung eines besonderen Auskunftsanspruchs zur Aufklärung der Quellen und Vertriebswege schutzrechtsverletzender Waren sowie die Erweiterung der Möglichkeit der Grenzbeschlagnahme durch den Zoll bei offensichtlich schutzrechtsverletzenden Waren.

Produktplanung

Erzeugnisplanung.

1. *Begriff:* Umfasst die Stufen des Entscheidungsprozesses bei der Produktinnovation von der Ideengewinnung bis zum Gestaltungsbriefing (Pflichtenheft, Lastenheft etc.).

2. *Stufen* können sein:

a. Sachziel- und Suchfeldbestimmung,

b. Anspruchsanalyse und -auswahl,

c. Konkurrenzanalyse und Positionierung,

d. Limitierungsanalyse,

e. Formalziel- und Potenzialanalyse,

f. Briefing.

Produktpolitik

1. *Begriff:* Umfasst alle Entscheidungen, die sich auf die Gestaltung des Angebotes (Produkte und Dienstleistungen) eines Unternehmens beziehen.

Produktpolitik ist eines der marketingpolitischen Instrumente innerhalb des Marketing-Mix. Den Kern der Aktivitäten bildet das Produkt selbst, welches entwickelt, am Markt eingeführt, gepflegt und bei Bedarf modifiziert oder eliminiert werden muss. Daneben spielen Entscheidungen über begleitende Dienste, die Verpackungsgestaltung und die Markenbildung eine Rolle.

2. *Aufgaben:* Die Aufgaben der Produktpolitik teilen sich in drei zentrale Bereiche auf:

a. Produktentwicklung und -einführung, in der es darum geht, neue Produkte zu entwickeln und erfolgreich am Markt einzuführen,

b. Produktpflege und

c. Produktelimination.

3. *Instrumente:* Das produktpolitische Instrumentarium umfasst mehrere

Teilbereiche:

a. *Produktqualität* umfasst die Konzeption und Entscheidung über funktionale Produkteigenschaften.

b. *Produktausstattung* umfasst die ästhetische Gestaltung des Produktes durch Verpackung und Design.

c. *Markierung* betrifft die Namensgebung und Kennzeichnung des Produktes.

d. *Programm- und Sortimentsentscheidungen* umfassen die Entscheidungen über die Ausgestaltung von Produktlinien.

e. *Service und Dienstleistungen*, die mit dem Produkt verbunden werden.

Produktpositionierung

Stellt im Ist-Zustand das Ergebnis aller marketingpolitischen Maßnahmen dar, die auf die als günstig erachtete Stellung eines Produktes im Wahrnehmungsraum der Nachfrager abzielen. Dementsprechend kann die Produktpositionierung auch als Ausgangspunkt für die bewusste Veränderung der Position eines Produktes im mehrdimensionalen Raum der produktrelevanten Attribute gesehen werden. Wesentliche *Basis* für die Analyse der Produktpositionierung sind Verfahren der Einstellungsmessung in Verbindung mit multivariaten Analysemethoden.

Produkttest

1. *Begriff:* Methode zur Ermittlung der optimalen Produktgestaltung.

2. *Merkmale:* Einer Reihe von Testpersonen wird ein Produkt zur Verfügung gestellt. Nach Ge- oder Verbrauch des Produktes werden die Probanden dann nach ihren Eindrücken befragt. Testobjekt können dabei neue oder bereits existierende Produkte sein. Es können entweder der Gesamteindruck des Produkts (Volltest) oder einzelne Faktoren des Produkts (Partialtest), z. B. Verpackung, Geruch, Geschmack, Preis, Namen etc., in ihrer Beurteilung durch die Auskunftspersonen geprüft werden.

3. *Zweck:* Es sollen die Produktwirkungen geprüft werden. Wirkungen sollen beim Verwender, Händler, Hersteller und bei Lagerung sowie Trans-

port im Hinblick auf die gesetzten Ziele ermittelt werden. Verbreitet ist der Verwenderprodukttest. Der Warentest konzentriert sich auf die objektive Prüfung der Sachleistungstauglichkeit durch Nutzung technischer Hilfsmittel. Für die Prognose des Markterfolges ist die subjektive Wirkung beim Käufer (Verwender) wichtiger. Für die Kundenbindung entscheidend ist die subjektive Prüfung der Anmutungswirkungen, deshalb dominieren hier sozialwissenschaftliche Methoden.

Man unterscheidet den Ex-Ante- und Ex-Post-Test. Für ein Unternehmen ist der Ex-Ante-Test vor der Produkteinführung bezüglich der Erfolgsprognose bedeutsam. In ersten Phasen der Anwendung mit einzelnen Verbrauchern können die Testphasen weiterhin in Beta-Tests und Insiderprogramme unterteilt werden. Betatests dienen der aktiven Fehlersuche im Angebot mit einzelnen Kunden, Insiderprogramme verteilen das fertige Produkt bereits an eine breitere Kundenbasis, die als Early Adopter allerdings noch fehlerresistenter sind. Unternehmen können ihr Angebot so bereits auf einer breiten Basis testen. Weiter unterscheidet man *monadische Tests* (nur ein Produkt wird getestet) und *Vergleichstests* (mehrere Produkte werden miteinander verglichen) sowie *Studiotests* (vor allem für Nahrungsmittel und Getränke) und *Inhome-Tests* (vor allem für Körperpflege und Wasch-, Putz- und Reinigungsmittel), wobei bei letzteren vor allem sogenannte *Produkttestpanels* zum Einsatz kommen. Dies sind oft große Stichproben, von denen 300 bis 1.000 Personen der Zielgruppe ausgewählt werden, denen das zu prüfende Produkt zugesandt wird.

Wichtige Methoden: Akzeptanztest, Blindtest, Beta-Test.

Produktvariation

1. *Begriff:* Modifikation bereits im Programm enthaltener Produkte. Bewusste Veränderung von technischen oder ästhetischen Eigenschaften bzw. Nutzenkomponenten (beispielsweise auch das Image) eines bereits angebotenen Produktes im Zeitablauf zur Anpassung an kundenseitig geänderte Erwartungen oder an veränderte Verbrauchs- und/oder Potenzialfaktoreigenschaften. Produktvariation kann auch in der Weise durchgeführt werden, dass die mit Sachgütern verbundenen Dienstleistungen verändert bzw. zusätzliche Dienstleistungen hinzugefügt werden.

2. *Gründe:*

a. sich ändernde Wünsche und Bedürfnisse der Nachfrager,

b. gesetzliche Auflagen.

3. *Zweck:* Verteidigen oder erweitern der aktuellen Marktposition im Wettbewerb. Zu unterscheiden ist bei der Produktvariation zwischen der Produktpflege (Facelifting) und dem Produktrelaunch. Beiden gemein ist, das die Gesamtzahl der vom Anbieter offerierten Produkte konstant bleibt, das alte Produkt wird also nicht weiter angeboten. Im Gegensatz zur (eigentlichen) *Produktdifferenzierung* ändert sich bei der Produktvariation die Produktionsprogrammtiefe somit nicht.

Profilverfahren

1. *Begriff:* Verfahren zur Bewertung von Objekten über einzelne Kriterien. Die (relevanten) Kriterien werden auf einem Kontinuum eingeordnet, welches durch Zahlenwerte (z. B. von + 5 (positiv) bis – 5 (negativ)) oder Zeichen (+++ (positiv) bis --- (negativ)) gebildet wird. Eine Alternativenbewertung kann durch einen Profilvergleich erfolgen, Anwendung unter anderem zur Produktbewertung.

2. *Kritik:* Die Erfassung des unterschiedlichen Entscheidungsgewichts der Kriterien ist problematisch; besser geeignet sind Scoring-Modelle (Nutzwertanalyse).

Programmbreite

Zahl der Produktgruppen bzw. -linien (Kombination bedarfsverwandter Produktarten) innerhalb eines *Produktprogramms* (Hersteller). Erweiterung der Programmbreite durch Produktdiversifikation (Diversifikation).

Programmpolitik

1. *Begriff:* Umfasst alle Entscheidungen zu Umfang und Struktur der gesamten Angebotspalette eines Unternehmens.

2. *Merkmale:* Die Programmpolitik beschränkt sich im Gegensatz zur Produktpolitik nicht auf das einzelne Produkt, sondern bezieht sich auch auf die Kombinationen verschiedener Angebote zu einer Einheit. Die Pro-

grammpolitik umfasst auch Möglichkeiten zur Veränderung des Programmes im Hinblick auf die Breite (Anzahl der Produktlinien) und die Tiefe (Anzahl der Varianten innerhalb einer Produktlinie). Daneben bedarf es Entscheidungen, ob und inwieweit neue Produkte und Dienstleistungen ins Angebot aufgenommen und Produktbündel gebildet werden.

3. *Dimensionen:* Das Programm kann anhand von drei Dimensionen beschrieben werden:

a. *Grundorientierung*, die auf die allen angebotenen Leistungen prägenden Gemeinsamkeiten abstellt,

b. *Programmbreite*, welches sich auf die Zahl der offerierten Angebote bezieht und

c. *Programmtiefe*, die die Anzahl der Varianten innerhalb einer Produktlinie definiert. Das Produktprogramm ist auch in gewissem Maße Ausdruck der spezifischen Kompetenz eines Unternehmens. Ein Spezialist hat in der Regel ein schmales aber tiefes Programm, während ein Universalanbieter eine hohe Programmbreite aber nur eine geringe Programmtiefe aufweist.

Programmtiefe

Zahl der verschiedenen Varianten (Modelle, Typen) einer Produktgruppe im *Produktprogramm* des Herstellers, bestimmt durch Art und Umfang der Produktdifferenzierung.

Prosumer

Person, die gleichzeitig Konsument und Produzent ist. Entweder erstellt sie eigene Produkte durch Individualisierung vorhandener Produkte oder durch die freiwillige Preisgabe ihrer Präferenzen. Der Prosumer kann so Einfluss auf die Produkteigenschaften nehmen und wird in die Produktionstätigkeit des Produzenten einbezogen.

Qualität

Produktqualität; Übereinstimmung von Leistungen mit Ansprüchen. Ansprüche stellen Kunden, Verwender (Konsument/Produzent), Händler und Hersteller. Entscheidend ist, was die Anspruchsteller vor dem Hintergrund ihrer Anforderungen wahrnehmen und für wichtig halten. Während die rational bedingte Sachqualität mit naturwissenschaftlich-technischen Methoden messbar ist, bereitet die reproduzierbare Messung der Anmutungsqualität Probleme.

Qualität ist ein Gesamteindruck aus *Teil-Qualitäten* (z. B. funktionale Qualität, technische Qualität, Dauerqualität, Integralqualität oder ökologische Qualität), die sich bei jeder differenzierbaren Eigenschaft eines Produkts bilden lassen. Der Qualitätsbegriff kann subjektiv *(subjektive Qualität)* und objektiv *(objektive Qualität)* interpretiert werden.

Zu unterscheiden: Ausführungsqualität; Konzeptqualität.

Qualität kann durch technische und marketingpolitische Maßnahmen beeinflusst werden *(Qualitätspolitik);* sie unterliegt der Qualitätssicherung.

Qualitätsführerschaft

Branchenweite Differenzierungsstrategie im Wettbewerb, die auf Vorteile in der Wahrnehmung des Kunden durch herausragende Produkt- und Servicequalität und nicht auf Kostenvorteile setzt.

Qualitätsstaffel

Staffelpreise für Waren gleicher Zweckbestimmung, aber unterschiedlicher Qualität.

Qualitätswettbewerb

Art der Konkurrenz, die sich auf die Qualität der Produkte bezieht. Im Gegensatz zum Kostenwettbewerb (niedrige Gesamtstückkosten sollen niedrige Verkaufspreise ermöglichen) sollen hier die Leistungen möglichst genau den Ansprüchen der Zielgruppe entsprechen. Neben der Produktqualität spielt die Vermarktungsqualität (z. B. Service, Distribution) eine bedeutende Rolle. Wichtiges Instrument der Qualitätswettbewerbe bei Investitionsgütern ist die Integralqualität.

Rabatt

I. Begriff

Preisnachlass für Waren und Leistungen, der angewendet wird, wenn ein formell einheitlicher Angebotspreis gegenüber verschiedenen Abnehmern, unter verschiedenen Umständen oder zu verschiedenen Zeiten differenziert werden soll. Rabatt als absoluter Betrag oder in einem Prozentsatz des Angebotspreises. Kein Rabatt sollte ohne Grund gegeben werden. Neben hohen Einkaufsmengen kann z. B. auch die Übernahme der Lagerhaltungsfunktion ein solcher Grund sein.

II. Arten

1. Nach dem *Grund der Rabattgabe:*

a. *Barzahlungsrabatt:* Vergütung für schnelle Zahlung (im gleichen Sinn wie Skonto verwendet).

b. *Warenrabatt:* Berechnungsart des endgültigen Kaufpreises; hierbei bedeutet *Mengenrabatt* (Konsumrabatt) ein Preisnachlass für die Abnahme von größeren Mengen in einer Lieferung oder in einem bestimmten Zeitraum (meist ein Jahr); im letzten Fall vielfach als Umsatzbonus oder Jahresbonus bezeichnet.

c. *Funktionsrabatt:* dem Abnehmer gewährte Vergütung für die Übernahme eines Teils der Handelsfunktionen im Distributionssystem.

d. *Frühbezugsrabatt:* Preisnachlass für vorzeitige Abnahme von Saisonartikeln.

e. *Treuerabatt:* gewährt für langdauernde Geschäftsbeziehungen; im engeren Sinne auch Rabatte unter der Bedingung, dass der Kunde in einem bestimmten Zeitraum bestimmte Artikel nur von einem Lieferanten einer Lieferantengruppe bezieht.

f. *Kundenrabatt:* an den letzten Verbraucher gewährter Preisnachlass; oft als (zu eng) *Einzelhandelsrabatt* bezeichnet. Der Kundenrabatt tritt durchweg in der Form des Barzahlungsrabatts auf (nach Aufhebung des Rabattgesetzes im Jahre 2001 nicht mehr auf 3 Prozent begrenzt).

g. Viele Arten von *Sonderrabatt,* z. B. der Preisnachlass an im Betrieb Beschäftigte (Personalrabatt) und der an bestimmte Personengruppen (z. B.

Beamten- oder Vereinsrabatt) oder Berufsgruppen (z. B. Weiterverarbeitungsrabatt) gewährte Rabatt.

2. Nach dem *Zeitpunkt* der Rabattgewährung zu unterscheiden: *Sofortrabatt* und *nachträglich vergüteter Rabatt* (z. B. meist der Umsatzbonus).

III. Bruttopreissystem

Den Händlern wird die Ware zum Bruttopreis (gleich Verbraucherpreis) in Rechnung gestellt, die gewährte Spanne kommt als Handelsrabatt in Abzug. Dabei treten oft mehrere Rabattarten nebeneinander auf, z. B. neben dem Funktionsrabatt noch ein Mengenrabatt. Rabattsätze auch vielfach gestaffelt (Berechnung des Gesamtrabatts meist wie folgt: 40 Prozent Funktionsrabatt vom Bruttopreis, vom Restbetrag noch 10 Prozent Mengenrabatt, von diesem Restbetrag noch 5 Prozent Treuerabatt. Das bedeutet dann nicht 55 Prozent Gesamtrabatt, sondern 48,7 Prozent).

IV. Rabattgesetz

Das Rabattgesetz (RabattG) vom 25.11.1933 ist 2001 zusammen mit der Zugabe-Verordnung aufgehoben worden. Seither ist die Gewährung von Rabatten als solche auch dann wettbewerbsrechtlich nicht zu beanstanden, wenn die Höhe des Rabatts das bisherige zulässige Limit (§ 2 RabattG) von 3 Prozent übersteigt, der Unternehmer bestimmte Kundenkreise (z. B. Inhaber von Kundenkarten) bevorzugt oder verschiedene Rabattarten miteinander kombiniert. Unberührt von der Aufhebung des Rabattgesetzes bleibt jedoch die Unzulässigkeit einer Werbung mit Rabatten, die den Tatbestand des Kundenfangs erfüllt, etwa weil der Rabatt übertrieben hoch ist oder auf den Kunden ein unangemessener zeitlicher Druck ausgeübt wird.

V. Buchung

1. *Sofortrabatte* werden nicht gebucht, da diese Beträge von vornherein nicht als Zahlungen infrage kommen; gebucht werden die Nettobeträge.

2. Buchung *nachträglicher Rabatte (z. B. 4 Prozent)* beim Verkäufer:

a. Forderungen 11.900 an Umsatzerlöse 10.000, Umsatzsteuer 1.900;

b. Bank 11.424, Erlösschmälerung 400, USt-Korrektur 76 an Forderungen 11.900.

Die Erlösschmälerungen werden saldiert mit den Umsatzerlösen als Nettoumsatzerlöse zur Gewinn- und Verlustrechnung abgeschlossen.

3. Beim *Käufer* mindern Rabatte als Nachlässe den Einstandswert (Einstandspreis) der Materialien bzw. Handelswaren. Die Anschaffungskosten sind daher die saldierten Beträge.

VI. Umsatzsteuer

Rabatte mindern die umsatzsteuerliche Bemessungsgrundlage, das Entgelt. Jeder im Voraus vereinbarte Rabatt muss auf der Rechnung vermerkt werden (§14 IV Nr. 7 UStG).

Re-Import

1. *Begriff:* Wiedereinfuhr von Waren, die zuvor in ein fremdes Wirtschaftsgebiet (ins Ausland. ausgeführt wurden. Reimporte werden zum Teil zur Umgehung von Preisbindungs- oder Preisempfehlungssystemen (Preisbindung der zweiten Hand, Preisempfehlung) im Inland vorgenommen. Problematisch für Hersteller sind Reimporte, wenn damit eine regionale Preisdifferenzierung unterwandert wird.

2. *Zollrecht:* Werden ehemalige Unionswaren, die aus dem Zollgebiet der Union ausgeführt worden sind (und damit zu Nicht-Unionswaren geworden sind., wiedereingeführt, ist bei Übereinstimmung der Waren (Nämlichkeit) und Einhaltung der Voraussetzungen regelmäßig Zollfreiheit gegeben, Rückwaren nach Art. 203 ff. Unionszollkodex (UZK).

Referenzanlage bzw. -leistung

Anlagegüter bzw. Leistungen, mit denen der Hersteller seine Problemlösungsfähigkeit im realen Produktionseinsatz gegenüber potenziellen Kunden beweisen kann. Wichtiger Akquisitionsfaktor im Investitionsgütermarketing. Anbieten von Referenzanlagen bzw. -leistungen ist oft auslösendes Element für die Auftragsgewinnung.

Relaunch

1. *Begriff:* Strategie zur Verlängerung des Lebenszyklus bzw. zum Neustart des Lebenszyklus eines Produkts durch zielgruppenspezifische Anpas-

sungen in der Produktgestaltung (Produktvariation, Produktmodifikation) und zugehöriger Maßnahmen im Marketing-Mix. Der Einsatz eines Relaunches erfolgt überwiegend am Ende der Sättigungsphase im Rahmen des Lebenszyklus.

2. *Ziele:*

a. Verlängerung des Lebenszyklus eines Produktes,

b. Preisverfall stoppen,

c. Absatzstagnation oder -rückgang stoppen, eventuell eine neue Wachstumsphase einleiten.

3. *Alternativer Einsatz:* Ein wenig erfolgreiches Produkt (Flop) kann kurzfristig vom Markt zurückgezogen und zu einem späteren Zeitpunkt in veränderter Form erneut in den Markt eingeführt werden.

Beispiel: VW Golf. Im Jahr 2019 kommt bereits die 8. Generation auf den Markt. Bereits seit 1974 durchläuft jede Generation ihren eigenen Lebenszyklus und verlängert so den gesamten Lebenszyklus des VW Golf.

Reservationspreis

Begriff aus der Mikroökonomie, entspricht der maximalen Preisbereitschaft eines Nachfragers für eine Leistung bzw. dem akzeptierten Minimalpreis des Anbieters.

Revenue Management

Konzept zur Ertragsoptimierung in der Dienstleistungsbranche (z. B. bei Airlines, Hotels), bei dem unter Einsatz integrierter Informationssysteme eine dynamische Preis-Mengen-Steuerung erfolgt, die zu einer gewinnoptimalen Nutzung vorhandener Kapazitäten führen soll.

Reverse Engineering

Bezeichnet die Nachkonstruktion eines bereits bestehenden Produktes. Durch Zerlegung des Produktes kann auf die Funktions-, Design- und Fertigungsprinzipien sowie die Wertschöpfungsstruktur geschlossen werden. Zweck des Reverse Engineering kann zum einen die Analyse von Wettbewerbsprodukten sein, aber auch das Erkennen von Differenzierungsmöglichkeiten.

Revival

Wiederbelebung einer Marke, Mode oder eines Angebotes aus der Vergangenheit. Kann alternativ auch als Maßnahme der verstärkten Bewerbung von Produkten mit dem Ziel der Verlängerung der Wachstums- oder auch der Reifephase im Produktlebenszyklus verwendet werden.

Richtpreis

Vorläufiger, später in einen Festpreis umzuwandelnder Preis für Erzeugnisse, zu deren Preisbildung die Kostengrundlagen noch nicht genau zu ermitteln sind.

Screening

1. *Begriff:* Grob- oder Vorauswahl von Produktideen (Innovation) im Rahmen der Neu- oder Weiterentwicklung von Produkten.

2. *Vorgehen:* Durch Einsatz von Methoden der Produktbewertung, z. B. Profilverfahren und Scoring-Modelle (Nutzwertanalyse) können Prioritäten für neue Produkte erstellt werden.

3. *Fehler:* Grundsätzlich können 2 Arten von Fehlern unterschieden werden:

a. *Ablehnungsfehler* (das Unternehmen lehnt eine gute Idee ab) oder

b. *Annahmefehler* (das Unternehmen führt Vorschläge weiter, die keinen Erfolg versprechen).

Segmentspezifische Tarife

Preisdifferenzierung nach Kundensegmenten, z. B. nach Preisbereitschaft, Einkommen, Präferenzen und Einkaufsverhalten der Zielgruppe (*Beispiel:* Studententarif).

Servicebrand

Marke für eine Dienstleistung. Da es sich bei der Dienstleistung um ein abstraktes Leistungsangebot handelt, stellt die Qualitätsunsicherheit, die ein Wesensmerkmal des Markenartikels ist, eine noch größere Herausforderung an den Anbieter dar.

Servicepolitik

1. *Begriff:* Das mit den Waren unmittelbar verbundene oder selbstständige Angebot von Dienstleistungen. Zunehmende Produktkomplexität, abnehmende Funktionsdurchschaubarkeit und zunehmende Bequemlichkeit eröffnen Servicechancen für Unternehmen. Das Produkt dient als Voraussetzung für Servicemaßnahmen. Die Gewinnmöglichkeiten verlagern sich auf den Service. Diese im Industriegütergeschäft bekannte Entwicklung gewinnt auch im Konsumgütergeschäft immer mehr an Bedeutung.

2. *Mittel:*

a. Warenauswahl, Warenpräsentation, Beratung, Verpackung (Tragetaschen, Geschenkverpackung);

b. Raumgestaltung, Zustellung, Reparatur, Installation, Wartung, Reklamation und Warenrücknahme, Garantieleistungen, Auswahlsendungen, Inzahlungnahme gebrauchter Waren, Zugaben und anderes.

Signalpreis

Niedriger, positiv kommunizierbarer Preis einer Leistung, mit dem um Kunden geworben wird.

Six Sigma Pricing

Anwendung des Six-Sigma-Verfahrens auf das Preismanagement mit dem Ziel, Fehler und Fehlerquellen entlang des Pricing-Prozesses auszumerzen.

Sommerpreise

Staffelpreise für den Sommerbezug von Waren, deren Einkauf normalerweise erst im Herbst oder Winter erfolgt, zwecks Ausgleichs von Saisonschwankungen, z. B. im Brennstoffhandel.

Sonderpreisaktion

Preisaktion, Price-off Promotion, Price Pack; Maßnahme der Verkaufsförderung. Der Produktpreis wird für einen bestimmten Zeitraum augenfällig reduziert mit entsprechender Herausstellung auf der Verpackung und durch Displays am Point of Purchase (POP).

Arten:

a. Angebot einer im Preis reduzierten Verpackungseinheit *(Reduced-Price Pack).*

b. Zwei oder mehrere zusammengefasste Verpackungseinheiten bzw. eine größere Verpackungseinheit zu einem sichtlich günstigeren Mengen-/Preis-Verhältnis *(Multiple Pack).*

c. *Sonderformen:* Banded Pack und Self Liquidation Offer.

Spin-off

1. *Begriff:* Ausgliederung einer Organisationseinheit aus bestehenden Strukturen (z. B. Unternehmen, Universität oder Forschungsinstitut) mittels Gründung eines eigenständigen Unternehmens durch Mitarbeiter der Ursprungsorganisation.

2. *Merkmale:* Es entsteht eine neue rechtliche Einheit, die Know-how und Mitarbeiter aus der Ursprungsorganisation bündelt und vielfach auch nach der Ausgliederung noch inhaltliche oder wirtschaftliche Verbindungen zur Mutterorganisation aufrechterhält.

3. *Ziele:* Motive der Ausgründung sind vielfach Produktideen oder Forschungsergebnisse, die gute Geschäftsperspektiven aufweisen, jedoch außerhalb der Geschäftstätigkeiten der Ursprungsorganisation liegen oder nicht in deren Regie produziert bzw. optimal vermarktet werden können.

Staffelrabatt

Rabatt, der als Mengenrabatt je nach Höhe der Abnahmemenge gewährt wird.

Standardisierungsstrategie

1. *Begriff:* Strategie, die sich an den durchschnittlichen Anforderungen und Erwartungen bestimmter Kundengruppen (Marktsegmente) ausrichtet und dabei die Marketingpolitik und Leistungspolitik (marketingpolitische Instrumente) eines Anbieters umfasst. Keine individuellen, sondern durchschnittliche Problemlösungen gleicher Art, unabhängig von der spezifischen Problemstellung des einzelnen Nachfragers.

2. *Vorteile* bei Kosten, Auftragsabwicklung, Lieferservice etc. aufgrund des Mengeneffekts einer Serienproduktion.

3. *Nachteile:* Geringere Anpassung an spezifische Kundenprobleme, daher geringere preispolitische Spielräume.

Eine Präferenzbildung in den Käufersegmenten ist nicht nur durch vollständige oder teilweise Individualisierung der physischen Produkte (Hardware), sondern auch durch die Anpassung von Softwareleistungen sowie die kundenorientierte Gestaltung der anderen marketingpolitischen Instrumente möglich. Dabei sind Standardisierung und Individualisierung die konträren Pole eines breiten Entscheidungskontinuums.

Der *Gegensatz* ist die Individualisierungsstrategie.

Standardprodukte

Produkte, die über eine generell vereinbarte (genormte) Mindestqualität verfügen. Änderungen am Produkt konzentrieren sich auf Mengen, Preise und Zeiten. Standardprodukte können warenbörslich gehandelt werden.

Substitutionsgüter

1. *Begriff:* Konsum- oder Investitionsgüter, die einander in ihrer Verwendungsfunktion ersetzen können, z.B. Butter/Margarine, Kohle/Heizöl, Dampfkraft/Elektrizität.

2. *Merkmale:* Preiserhöhungen für ein Gut führen bei den in Betracht kommenden Substitutionsgütern zu einer mengenmäßig gesteigerten Nachfrage und zumeist dadurch auch zu Preissteigerungen für die Substitutionsgüter (positiver Substitutionskoeffizient bzw. positive Kreuzpreiselastizität der Nachfrage).

Systemgeschäft

1. *Begriff:* Investitionsgütermarketing, bei dem die Leistungsangebote oder Problemlösungs-Systeme sich als ein durch die Vermarktungsfähigkeit abgegrenztes, von einem oder mehreren Anbietern in einem geschlossenen Angebot erstelltes Anlagen-Dienstleistungsbündel (Hardware/Software- Kombination) zur Befriedigung eines komplexen Bedarfs darstellen. Im Gegensatz zum Produktgeschäft und traditionellen Anlagengeschäft ist das Systemgeschäft geprägt durch zusätzliche, über Engineering-Leistungen hinausgehende, umfangreiche Dienstleistungen (System-Software) in Form von Pre-Sales-Services, After-Sales-Services sowie episodenbegleitende Dienstleistungen des Systemanbieters während der Leistungserstellung (z. B. Projektorganisation oder Projektmanagement wie etwa Federführung bei einer Anbieterkoalition).

2. *Merkmale* des Systemgeschäftes: Hohe Komplexität des Hardware-Software-Bündels; Langfristigkeit des Beschaffungsentscheidungs-, Erstellungs- und Abwicklungsprozesses; Anbieterkoalitionen; hohe Interaktionskomplexität; hoher Auftragswert; Internationalität des Geschäfts; Bedeutung der Auftragsfinanzierung; hohe Individualität der Endleistung; Bedeutung von Referenzanlagen.

3. *Problematik der Umsatz- und Gewinnrealisation:* Im Gegensatz zum reinen Liefergeschäft darf beim Systemgeschäft erst dann Umsatz gebucht und Gewinn realisiert werden, wenn die Funktionsfähigkeit des ganzen Systems vom Kunden (z. B. durch ein Abnahmeprotokoll) bestätigt wurde. Solange diese Abnahme nicht erfolgt ist, handelt es sich bei den Lieferungen an den Kunden nur um einzelne Teile, die in der Bilanz des Lieferanten lediglich Vorräte (unverrechnete Lieferungen als Vorstufe zu späteren Forderungen) darstellen. Die richtige Behandlung solcher Geschäftsvorfälle stellt eine besondere Herausforderung an das Rechnungswesen dar.

Turn-Key-Projekte

Schlüsselfertige, einsatzbereite Gesamtanlagen, z. B. Errichtung eines Stahlwerks oder eines Flugplatzes. Werden häufig über Generalunternehmer oder Anbieterkoalition erstellt.

Umsatz

1. *Betriebswirtschaftlehre:* Summe der in einer Periode verkauften, mit ihren jeweiligen Verkaufspreisen bewerteten Leistungen; auch als Erlös bezeichnet (vor allem im Rechnungswesen).

2. *Umsatzsteuerrecht:* Oberbegriff für Lieferungen und sonstige Leistungen, einschließlich unentgeltlicher Wertabgaben und Verbringungen. Nicht mit Umsatz dürfen verwechselt werden: Einfuhren, Erwerbe.

Unique Selling Proposition (USP)

Unique Value Proposition; einzigartiges Verkaufsversprechen bei der Positionierung einer Leistung. Der USP soll durch Herausstellen eines einzigartigen Nutzens das eigene Angebot von den Konkurrenzangeboten abheben und den Konsumenten zum Kauf anregen. Durch Marktsättigung und objektive Austauschbarkeit der Produkte erlangt der USP zunehmend an Bedeutung.

Value Delivery

Wert, den der Kunde durch die Unternehmensleistung erhält.

Value Extraction

Value Capture, Value Appropriation; Ansatz, wie ein Unternehmen den Wert monetarisiert, der einem Kunden geliefert wurde (Value Delivery). Die Value Extraction ist damit eine zentrale Fragestellung für das Preismanagement.

Value Measurement

Ermittlung des Nutzens, den ein Produkt oder eine Dienstleistung für einen Kunden darstellt. Value Measurement ist die Grundlage für eine nutzenorientierte Preissetzung. Methoden des Value Measurement sind Conjoint Measurement, Discrete Choice Analysis etc.

Value-to-Customer

Wert, der dem Kunden als Gegenwert für den gezahlten Preis geboten wird. Der Value-to-Customer wird durch Angebots-, Kommunikations- und/oder Distributionspolitik geschaffen.

Van-Westendorp-Methode

Verfahren zur direkten Messung der Preisbereitschaft und der Preissensibilität eines Kunden, das auf Peter H. van Westendorp (1976. zurückgeht. Dabei bekommen Probanden vier Fragen über ein Produkt gestellt:

1. Zu welchem Preis wäre das Produkt zu teuer, sodass Sie es nicht kaufen würden? (zu teuer)

2. Zu welchem Preis würden Sie das Produkt als teuer bezeichnen, aber dennoch bereit sein, es zu kaufen? (teuer)

3. Zu welchem Preis würden Sie es als akzeptabel bezeichnen, sodass Ihnen ein guter Gegenwert für Ihr Geld geboten wird? (akzeptabel)

4. Welcher Preis wäre zu niedrig, sodass Sie eine mangelnde Qualität erwarten und das Produkt nicht kaufen würden? (zu günstig)

Diese Methode zur Preisfindung kann in der Praxis im Sinne einer Multimethodenstrategie zur Erhöhung der Validität parallel zu anderen Methoden eingesetzt werden.

Vebleneffekt

Demonstrativkonsum, Prestigeeffekt; in der Haushaltstheorie eine Nachfrageinterdependenz, die aufgrund eines Bestrebens nach auffälligem und zugleich aufwendigem Konsum zu einer steigenden Nachfrage nach einem Gut führt, wenn dessen Preis zunimmt.

Verkäufermarkt

Marktsituation steigender Preise. Ursache eines Verkäufermarkts ist ein Angebotsdefizit, das sich bei sinkendem Angebot und konstanter Nachfrage ergibt, bzw. ein Nachfrageüberschuss, der sich bei steigender Nachfrage und konstantem Angebot ergibt.

Verkaufspreis

Verkaufsrechnungspreis; der dem Abnehmer in Rechnung gestellte Preis. Preisstellungsklauseln (z. B. „ab Lager des Lieferanten", „frei Lager des Abnehmers" und „frei Haus") werden ausdrücklich oder stillschweigend einbezogen.

Verpackung

1. *Begriff:* Unter Verpackung wird die ein- oder mehrfach vorgenommene Umhüllung eines Packgutes zum Zweck des Schutzes (der Umgebung, des Packgutes), der Portionierung (bei Produktion, Verwendung) sowie der Lagerung, des Transports, der physischen Manipulation sowie der Vermarktung verstanden. Die Verpackung bildet eine Einheit aus den Komponenten Packmittel, Packstoff und Packhilfsmittel. Aus dem Packstoff, d.h. dem Werkstoff der Verpackung, wird das Packmittel hergestellt, das dazu bestimmt ist, das Packgut zu umschließen oder zusammenzuhalten. Die Packhilfsmittel ermöglichen zusammen mit dem Packmittel das Verpacken, Verschließen und die Versandvorbereitung eines Packgutes.

2. *Arten:* Die Wahl der Verpackungsart innerhalb des Verpackungssystems hängt von den wahrzunehmenden Verpackungsfunktionen ab. Es kann zwischen Transport- und Verkaufsverpackung unterschieden. Wegen der Wiedererkennungsform der Verkaufsverpackung ergeben sich direkte Zusammenhänge zur Markengestaltung (z. B. Form- oder Farbgestaltung). Die Lösung des Verpackungsproblems obliegt einem Verpackungsteam, das zunächst die Anforderungen analysiert, die an die Verpackung gestellt werden. Die Konkurrenz verschiedener Anforderungen erfordert eine Prioritätensetzung bei der Verpackungsgestaltung. Die Dominanz bestimmter Anforderungen aufgrund einer solchen Prioritätensetzung kann als Kriterium für die Zurechnung der Verpackungskosten zu den einzelnen Funktionsbereichen herangezogen werden.

Rechtliche Regelung der Verpackungs-*Rücknahme:* Verpackungsverordnung (VerpackV).

Versioning

Sonderform der Preisdifferenzierung. Verschiedene Versionen eines Produkts werden zu unterschiedlichen Preisen verkauft. Einfachste Form des Versioning ist es, eine Basis-, Standard- und eine Premium-Version des Produktes anzubieten.

Warenkennzeichnung

1. *Begriff*: Warenbegleitende Information über Eigenschaften von Produkten mit dem Ziel einer erhöhten Qualitätstransparenz.

2. *Formen:*

a. *Klassifizierende Warenkennzeichnung* mittels Handelsklassen, DIN-Normen.

b. *Warenkennzeichnung mittels Gütezeichen bzw. Sicherheitszeichen:* RAL-Gütezeichen oder RAL-Testat (RAL = Ausschuss für Lieferbedingungen und Gütesicherung), VDE-Sicherheitszeichen (VDE = Verband Deutscher Elektroniker), TÜV-geprüft-Zeichen (TÜV = Technischer Überwachungsverein), GS-geprüfte Sicherheit der Trägergemeinschaft Sicherheitszeichen e.V., CE-Kennzeichnung (Communauté Européene; belegt, dass die Produkte die Bestimmungen aller EU-Richtlinien erfüllen), Gütezeichen der Stiftung Warentest, Wollsiegel, Weinsiegel.

c. *Warenkennzeichnung aufgrund gesetzlicher Normen:* Lebensmittelkennzeichnungs-VO (z.B. Mindesthaltbarkeitsdatum); Textilkennzeichnungs-VO.

d. *Ökolabel:* Mit dem zunehmenden Umweltbewusstsein der Bevölkerung haben eine Vielzahl an Ökolabeln den Weg auf die Produkte bzw. deren Verpackungen gefunden. Darunter sind solche Produktkennzeichnungen zu verstehen, bei deren Vergabe zumindest auch ökologische Qualitätsmerkmale eine Rolle gespielt haben. Zu derartigen Zeichen zählen z.B. der Umweltengel, das Biosiegel des Verbraucherschutzministeriums, das Textilzeichen Öko-Tex-Standard 100 oder das Europäische Energielabel. Die Schwierigkeiten bei einer Orientierung an derartigen Gütezeichen bestehen darin, dass diese eine höchst unterschiedliche Aussagekraft und häufig einen nur geringen Verbreitungsgrad besitzen.

Weltmarke

Marke, die zentral und einheitlich auf den gesamten Weltmarkt ausgerichtet ist. Die regionalen bzw. örtlichen Marktgegebenheiten bleiben unberücksichtigt, da von einer zunehmenden Homogenisierung der Bedürfnisse bestimmter Zielgruppen ausgegangen wird. Die damit verbundene Standardisierung von Produktion und Marketinginstrumentarium führt zu Kostendegressionen.

Wettbewerbspricing

Preisbildungsstrategie, bei der sich ein Anbieter bei der Preissetzung hauptsächlich an den Preisen der Konkurrenten orientiert. Insbesondere in Märkten mit sehr homogenen Produkten (z. B. Öl, Gas, Strom) trifft man häufig auf diese Preisbildungsform.

Wiederverkaufsnachlass

Buy Back Allowance; Maßnahme der Verkaufsförderung.

Wortmarke

Sind Marken, die aus Wörtern, Buchstaben, Zahlen und/oder sonstigen Schriftzeichen bestehen. Eine Marke muss zur Unterscheidungskraft die konkrete Eignung haben, als Unterscheidungsmittel für die von der Marke erfassten Waren oder Dienstleistungen eines Unternehmens gegenüber solchen anderer Unternehmen aufgefasst zu werden. Unterscheidungskraft fehlt bei rein beschreibenden Worten.

Zielpreis

Preis, der für ein Produkt am Markt erzielt werden soll. Dieser wird in der Preissetzung bestimmt. Durch Rabatte kann es zu einer Abweichung von Zielpreis und realisiertem Preis kommen. Im Sinne des Target Costings kann der Zielpreis auch für die Entwicklung des Produktes relevant sein. Gibt es z. B. aufgrund einer eindeutigen Preisschwelle einen Zielpreis der genau unter dieser liegen soll, so muss die Leistung des Produktes und dessen Kosten etc. hierfür angepasst werden.

Zuliefergeschäft

1. *Begriff:* Bezeichnet eine längerfristige Geschäftsbeziehung im B2B-Bereich, bei der ein Anbieter Produkte und Dienstleistungen für ein beschaffendes Unternehmen erstellt. Das Zuliefergeschäft kann die Erstausstattung, Nachrüstung und/oder Ersatzteilversorgung umfassen.

2. *Merkmale:* Beim Lieferanten weicht das Absatzprogramm vom Produktionsprogramm ab. Produkte, die durch den Lieferanten gefertigt werden, werden nicht durch diesen abgesetzt, sondern beim Abnehmer in Produkte eingebaut oder weiterverarbeitet. Das Absatzprogramm ist damit flacher als das Produktionsprogramm.

Zusatznutzen

Teil des Nutzens, der ergänzend zum Grundnutzen eines Produktes hinzutritt. Der Zusatznutzen zielt auf die Befriedigung seelisch-geistiger Bedürfnisse (beispielsweise soziale Bedeutung, Prestige, Selbstbestätigung und -achtung) oder individuelle Wertschätzung des Produktes durch den Käufer bzw. Verwender.

Zweitmarke

Form eines Markenartikels. Hersteller oder Händler setzen im Rahmen ihrer Produktpolitik neben der Hauptmarke für das gleiche Produkt weitere Marken, sogenannte Zweitmarken – meist für andere Absatzwege – ein, um zusätzliche Marktsegmente zu erschließen (z. B. über Verbrauchermärkte statt über Fachgeschäfte) und die Kapazität besser auszulasten. Über das Angebot einer Zweitmarke verfolgt der Hersteller eine Mehrmarkenstrategie.

Printed in the United States
By Bookmasters